华佗

外科鼻祖

李岩 编写

吉林出版集团股份有限公司
全国百佳图书出版单位

图书在版编目（CIP）数据

外科鼻祖 华佗 / 李岩编. -- 长春 : 吉林出版集团股份有限公司，2020.2（2023.5重印）
ISBN 978-7-5581-7917-4

Ⅰ. ①外… Ⅱ. ①李… Ⅲ. ①华佗（?-208）-传记
Ⅳ. ①K826.2

中国版本图书馆CIP数据核字(2019)第272652号

外科鼻祖　华佗
WAIKE BIZU　HUA TUO

编　　写　李　岩
策　　划　曹　恒
责任编辑　黄　群
　　　　　林　琳
封面设计　MM末末美书

开　　本	710mm×1000mm　1/16	出版/发行	吉林出版集团股份有限公司
字　　数	75千	地　　址	吉林省长春市福祉大路5788号
印　　张	8	邮　　编	130000
版　　次	2020年2月第1版	电　　话	0431-81629968
印　　次	2023年5月第2次印刷	邮　　箱	11915286@qq.com

印　　刷　三河市金兆印刷装订有限公司　ISBN 978-7-5581-7917-4　定　　价　39.80元

前言

中医文化是中国优秀传统文化的重要组成部分，具有创新文化的潜质。中医学是中国传统科学中沿用至今的富有中国文化特色的医学，它具有完备的理论体系，独特的诊疗方法和显著的临床疗效等特征。在中华民族五千年的历史长河中，中医学始终担负着促进人身健康的重要角色，是中华民族长期同疾病作斗争的智慧结晶，它为中华民族的繁衍、昌盛提供了重要保障。

《外科鼻祖　华佗》这本书主要收录了华佗的成长经历和奇闻逸事等。读者通过这些故事，可以了解中医名家救死扶伤、拯救天下苍生的医德精神和中医文化的博大精深。

本书内容通俗生动，易于读者阅读。书中配以与中医文化知识相关的图片，并选取了具有代表性的华祖庵的特色风光作为跨页大图，使本书的内容更加生动传神，更具亲和力和吸引力。本书不仅是为了让读者了解中医文化，更是为了讲好“中国故事”“中医故事”。

希望通过本书，读者对优秀中医文化会有更加深刻的了解和认识，能够更加热爱中医文化。通过我们对医学名家的传颂，优秀的中医文化必将再放异彩。

MU 目 LU 录

华佗（？—208 年），名旉，字元化，沛国谯（今安徽亳州）人，东汉末医学家。创五禽戏。

第一章

建安神医 外科鼻祖

观历代相绍圣医，虽异轨殊迹，治化同源，疗病之理，其教亦然。是以神农使于草石，黄帝施于针灸，扁鹊彻见脏腑，华佗刳割肠胃，所为各异，而治病则同，是以为异轨同源者也。

——明·陈延之《小品方》

华佗生活的时代，军阀混战，水旱成灾，连年的灾害和战乱，不但造成瘟疫流行，还带来了大量的外伤疾患，人民生活于水深火热之中，正如当时的著名诗人王粲在其《七哀诗》中所描述的那样："出门无所见，白骨蔽平原。"在这种情况下，人们对于救死扶伤的医药学尤其是外科手术治疗方面的需求十分迫切，使得医学理论和治疗技术在那个时代得以迅速发展。

华佗年少时聪敏好学，十几岁便出外游学。他目睹了当时的社会动荡和民生疾苦，于是立志钻研医术，治病救人，他不求仕途功名，行医足迹遍布黄河中下游地区。沛国相陈珪举荐他为孝廉，太尉黄琬

《难经》

征召他任职，都被他谢绝。不求名利，不慕富贵，使他得以集中精力于医学研究上。

与大多数医家师承不同，华佗学医并无专门的师教传承，而是主要依靠钻研前代医书典籍，并在实践中不断总结提高，自学成才，他学习的主要医学著作有《内经》《难经》《本草经》及《伤寒杂病论》等。他对同时代的著名医学家张仲景的学说也有深入的研究，当读到张仲景所著《伤寒杂病论》第十卷时，忍不住感慨地说道："这真是能够救人性命的好书啊！"可见张仲景学说对华佗的影响之大。

华佗不但精通前人的经典理论，还重视搜集民间的宝贵经验。他一生游历广泛，到处采集草药，从民间搜集了不少单方，《后汉书·华佗传》里说他"兼通数经，晓养性之术"，尤其"精于方药"。

《伤寒论》

华佗雕像

他一生行医，在内科、外科、妇科、儿科、针灸、方药、寄生虫病、医疗体育和养生保健等方面，都有独到的见解和精湛的医术。他临症施治诊断精确、方法简便、疗效神速，对于病入膏肓无药可救的患者，则毫不隐瞒，如实相告。

在中国古代，外科手术作为治疗手段，并非是建立在中国传统文化基础上的中医学的主流医术，在儒家“身体发肤，受之父母，不得毁伤”的观念下，外科手术在中医学领域并未得到充分发展，始终被视为旁门左道，处于一种边缘化的状态。但是在汉代，外科医学却曾经发展到一个相当高的水平，这与华佗的贡献是密不可分的。

在外科医学领域，止血和消毒始终是困扰古代医学家的两大主要难题。在古代，人们并无病原体微生物学方面的知识，所以，古人并

紫苏子

華

不懂得现代医学意义上的消毒和无菌观念。但是，这并不妨碍古人从社会实践中获得有关防止外伤感染的感性经验和认识。比如，古人认为，伤口感染的病因是邪毒通过伤口侵入了人体，而清除伤口和手术器械上的邪毒，就可以有效地防止感染。这就是基于感性的观察而获得的朴素的经验认识。华佗也不例外，在当时简陋的技术条件下，为了防止手术过程中的“邪毒”入侵，他先是采用酒浸的方法消毒，因为古人认为酒是阳性之物，可以祛邪毒。但是效果并不理想，患者的伤口还是会经常感染，因为受当时的酿酒技术所限，酒精纯度太低，难以充分消毒。后来，他经过长期的实践摸索，决定采用火烧、水煮等方

法来为手术器械消毒，也就是把手术刀具、针具等金属类器械插入炭火中加热烧红，或将其与缝合伤口用的麻线、丝线等一同放入水中煮沸，利用高温达到消毒的目的；止血方面，他采用熨灼创口的方法，也就是在手术时用烧红的刀片切开创口，在切开创口的同时，利用刀片的高温将创口断面灼焦，从而起到止血的效果，并且在止血的同时也实现了消毒。在当时的技术条件下，这堪称是一种十分简便有效的外科消毒和止血操作方法，与当代的激光手术原理有异曲同工之妙。

他研制发明了麻沸散，开创了世界医学史上口服药物进行全身麻醉的先例，比西方早了1600余年，大大拓展了外科医学的发展领域。

华佗雕像

老子故里雕塑

通过使用麻沸散对病人进行全身麻醉，他成功施行了世界上首例腹腔外科手术。他还首创了体外挤压心脏和对口人工呼吸等急救方法，这些方法至今仍在急救医学中广泛使用。

华佗还很重视疾病的预防，强调通过体育锻炼来增强体质。他受老子“为之于未有，治之于未乱”哲学思想和《黄帝内经》中有关“治未病”理论的影响，主张守静养生，淡泊名利，保养精神，倡导运动导引修炼，防病于未然。他编创五禽戏，调制屠苏酒，服食漆叶青黏散等长生方，总结出一整套系统的养生保健思想，为中医养生学的发展做出了重要贡献。

曼陀罗

知识加油站

麻沸散可能的配方

由于华佗麻沸散的配方失传，后人对其可能的配方组成众说纷纭，莫衷一是。

可以肯定的是，华佗麻沸散应为由多味中草药组成的复合制剂，而曼陀罗花很可能是其主要成分。

曼陀罗

第二章

世界首创　全身麻醉

若病结积在内，针药所不能及，当须刳割者，便饮其麻沸散，须臾便如醉死，无所知，因破取。病若在肠中，便断肠湔洗，缝腹膏摩，四五日差，不痛，人亦不自寤，一月之间，即平复矣。

——《三国志·魏志·华佗传》

回顾人类医学发展史，在近代麻醉药品发明之前，患者在接受手术治疗时不得不承受极大的痛苦和危险，手术常因患者难以忍受疼痛而被迫中止。在 19 世纪前的欧洲，医生在手术前所普遍采用的麻醉方法是十分野蛮和落后的，比如用棍棒将患者击昏，给患者放血令其休克，把患者用酒灌醉等。这些方法不但给患者造成了额外的伤害，甚至还有生命危险，而且效果也很不可靠，患者经常因过度疼痛而中途醒来，所以医生通常在手术前不得不把已经昏迷的患者再牢牢捆绑在手术台上，以防不测。

麻醉技术的滞后严重束缚了外科手术

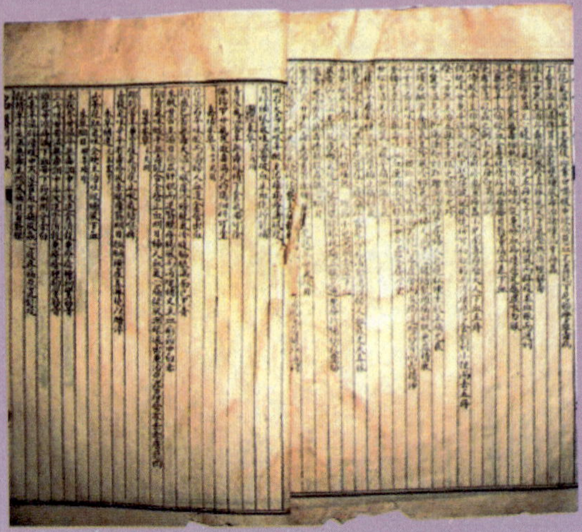

《神农本草经》

医学的发展，而华佗在 1800 多年前发明和使用的口服全身麻醉剂——麻沸散，比欧洲于 19 世纪初发明的同类麻醉剂领先了至少 1600 年。

中华民族的祖先，早在先秦时代就开始了中草药麻醉制剂方面的研究探索。《列子·汤问》中记载，战国时期的神医扁鹊曾使用一种“毒酒”作为麻醉剂。华佗在早年学医和行医的过程中，对古人的麻醉技术心驰神往，他立志攻克这个难关，研制出一种安全可靠、简便易行的麻醉药方来。

他首先勤求古训，潜心研究《神农本草经》中各种草药的具体功效，同时深入民间，博采众长，搜集各类古方验方，尤其是传说中的各种毒药毒方、蒙汗药方。他发现，轻度的中毒昏迷与手术中所需要达到的麻醉状态有很大的相似之处，这些毒药毒方中的某些有效成分很有借鉴价值，只要加以合理利用，控制其毒理毒性和用量，完全可能成

扁鹊

青铜酒器

为理想的麻醉配方。经过反复比较甄辨，他终于筛选出几种理想的草药，他还发现，将这些草药依据各自性味不同搭配使用，麻醉效果要明显优于单味草药。于是，他把这些草药研磨成粉末，再以各种配比反复试验筛选，最终将最优化的配方确定下来。各味草药在配方中的用量和比例是增一分还是减一分，他都会锱铢必较，反复斟酌，反复尝试，以求达到最佳药效。华佗原本打算采用以水煎熬药末制成汤剂的方式给病人服用，但他又从醉酒的现象中得到启示，发现以酒冲服的效果要更好，在没有酒或病人不宜饮酒或时间紧急的情况下，则采用以水冲服散剂的方式。

炎帝神农氏

他被古圣先贤神农氏遍尝百草以辨其毒的自我牺牲精神所深深感动，为检验麻沸散的实际药效，他决心效仿神农，冒着生命危险亲自服用各种配方来检验麻醉药效。每次服药前，他都嘱托妻子和徒弟要在一旁记录下自己服药后经过多长时间进入昏睡状态，又经过多长时间醒来，麻醉过程中有何不良反应，并且要他们在这个过程中用针锥刺痛他的身体，以检验自己是否会因疼痛而醒来。这种频繁的人体药物实验，给他的身体健康带来了严重的伤害，甚至多次出现生命危险，妻子和徒弟们都劝他不要再这样做了，但他依然不畏艰险，不肯放弃。

功夫不负有心人，经过反复试验，人类历史上第一种安全简便、

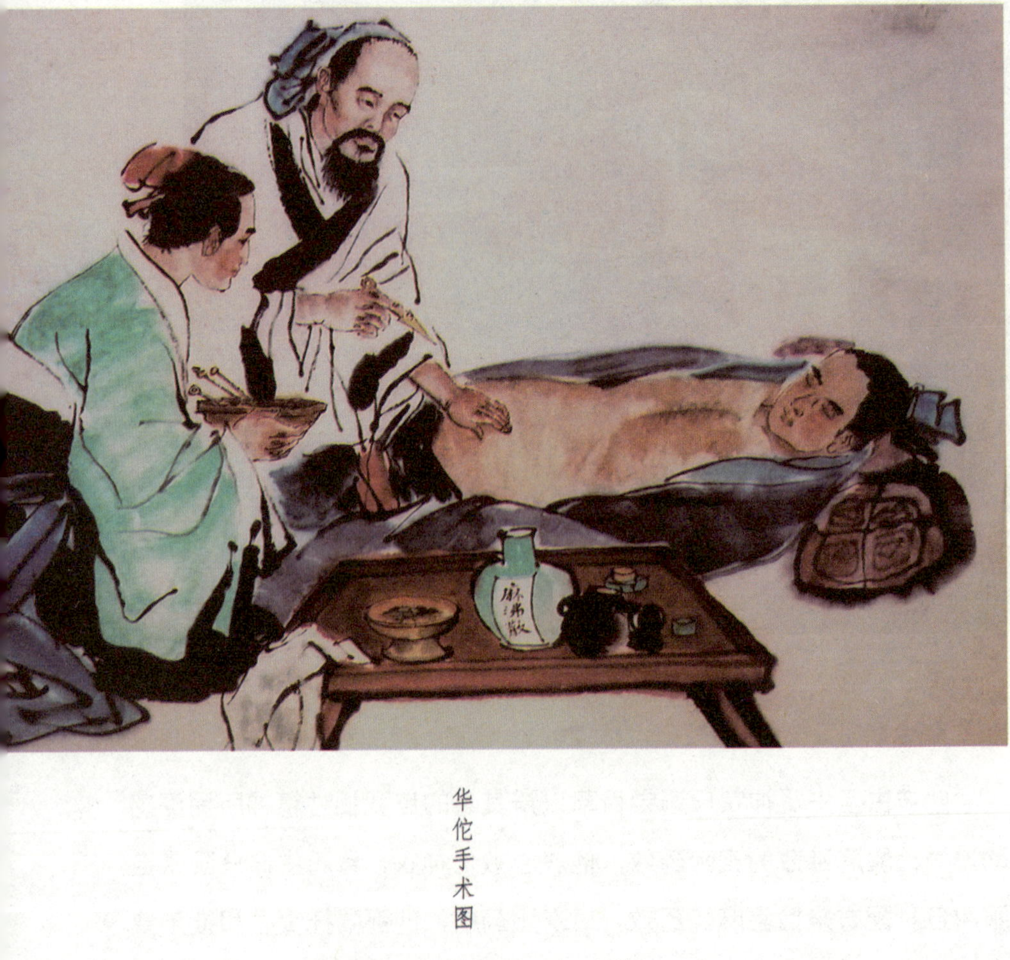

华佗手术图

功效显著的口服全身麻醉剂终于诞生了，华佗为它取名“麻沸散”，从此在自己的外科手术中广泛使用。“麻”就是麻醉的意思，“沸”是指要用水煮沸成汤剂之意，“散”就是散剂之意。借助麻沸散，他相继开展了一系列肿瘤切除、肠胃缝合等大型脏腑手术。麻沸散的使用，大大提升了当时外科手术的技术和疗效，大大拓展了外科手术治疗的施用范围。

一天，有一位病人来找华佗看病，他肚子疼得要命，持续了十多天，连胡须和眉毛都脱落了。华佗诊断后，认为病人的脾已经溃烂了，必须切除，不然会有生命危险。他知道这种大手术风险极高，但是病人病情危重，他决定一试。而病人以为服药便可以治好，一听华佗说要开刀手术就害怕了，甚至对华佗的医术产生了怀疑。于是华佗拿出麻沸散，通过再三说服，打消了病人的顾虑。病人将信将疑地用温酒冲服喝下麻沸散，没过多久便睡熟了。

凭着多年的行医经验，华佗很快让自己冷静下来，他吩咐弟子吴普和樊阿做好各项术前准备。其实，他的心里和病人一样紧张不安，因为之前做过的都是小型的外伤手术，而这回是他有生以来第一次做这样大型的脏腑手术，而且麻沸散在这种大型手术中的药效如何，也还是个未知数。两位弟子更是为师父捏了一把汗。

华佗一边洗手一边思忖着如何应对手术中可能出现的意外，吴普解开病人的衣服，为其摆正体位，将手术的部位清洗干净，樊阿从火盆中取出烧红的长柄手术刀递给师父，华佗略思索了一下，便熟练地将病人脾脏部位的腹腔剖开，手术刀将病人的创口灼得嗞嗞作响，所过之处白烟腾起，创口焦黑，只有少量的血液渗出。三个人的目光都不约而同地移到了患者脸上——谢天谢地，患者没有醒来。华佗长舒了一口气，说道："换刀。"樊阿赶忙接过已经冷却的旧刀，又从火盆中取出通红的新刀递给师父。换到第三把刀时，创口终于切开到足够

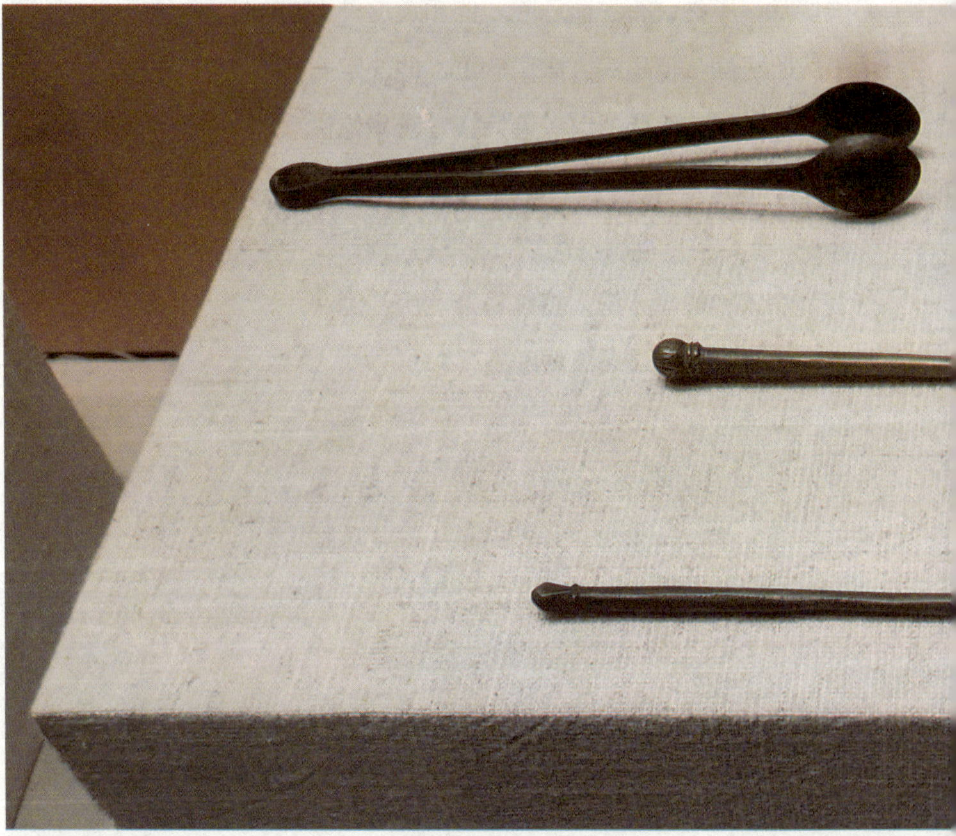

的长度，华佗点了点头，樊阿从沸水中捞出镊子和扳钳，分别递给师父和吴普。吴普用扳钳小心翼翼地扒开患者腹部的刀口，里面的脾脏清晰地暴露出来，华佗定睛一看，果然已经溃烂了。他用镊子夹住脾，借助窗外射入的阳光，仔细辨认清楚溃烂的部位后，便再次从樊阿手中接过新刀，果断而又娴熟地切除掉溃烂的病灶。

屋子里静得可以听到彼此的呼吸声，此时，病人仍然酣睡着。“可以了”，华佗长舒了一口气。樊阿连忙从沸水中捞出钳子和事先引好的铜针和麻线递给吴普和师父，吴普用钳子夹拢创口，华佗游针走线，仔细地缝好伤口。两位弟子为病人洗净伤口，又在伤口处敷上有止血

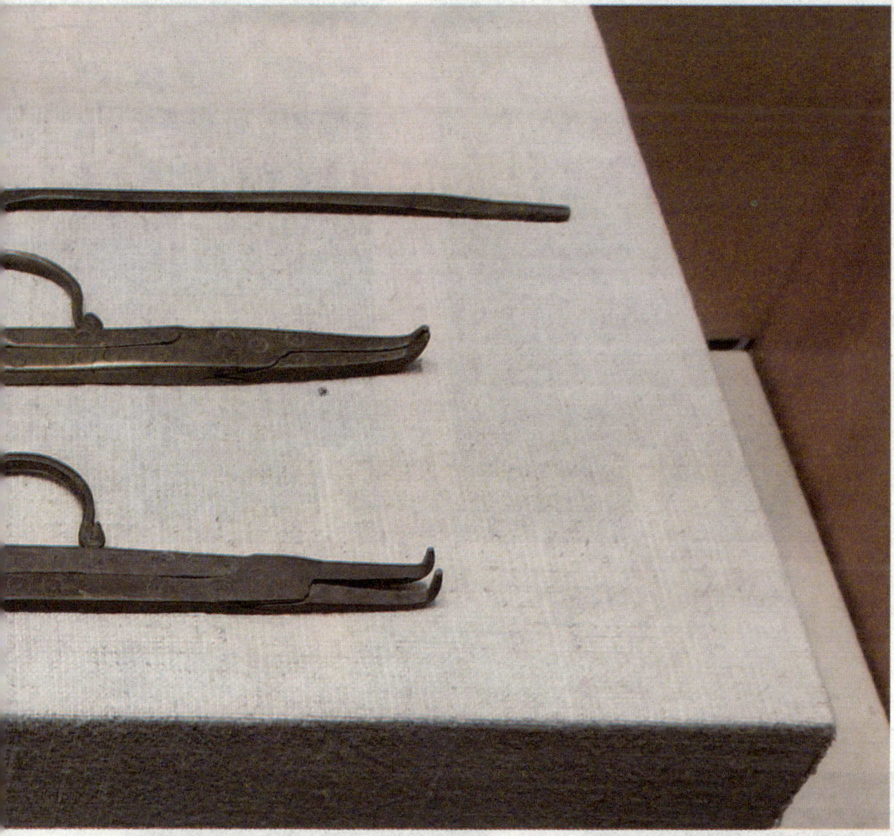

中国古代的外科手术器具

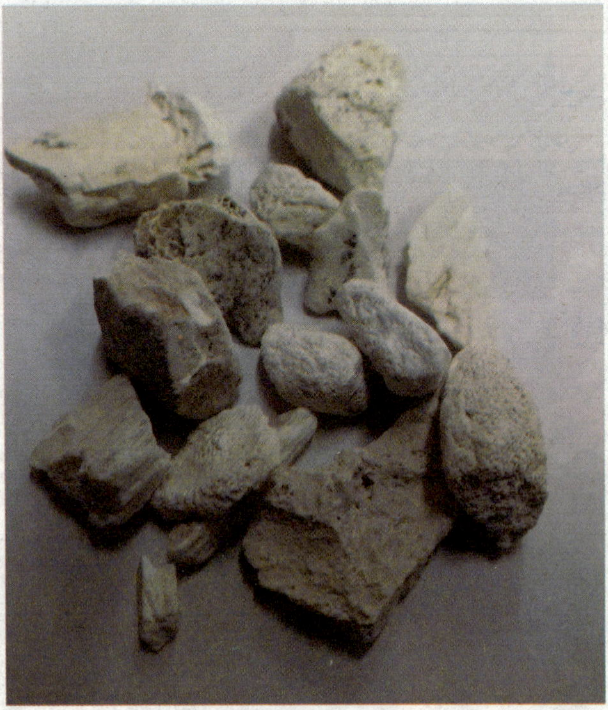

龙骨

收敛生肌作用的药膏，再给病人穿好衣服。

过了几个时辰，病人苏醒了，手术中完全没有感到疼痛，看到自己的伤口和被切除的溃烂的病灶，他惊叹不已，连声道谢。两位弟子也对师父的精湛技艺敬佩不已。华佗又为他开了服调养肌体的汤药，叮嘱了一番。一个多月后，病人便完全康复了。

麻沸散在首次大型脏腑手术的临床应用中取得了圆满成功。从此，华佗的麻沸散和手术疗法便名声大噪，前来请他看病做手术的人络绎不绝。

大量的临床实践，使华佗在麻沸散的应用上积累了更加丰富的经验。比如，他会根据患者病情的轻重、体质的强弱以及手术规模的大小和复杂程度来调整麻沸散的使用剂量，以求把麻醉给患者造成的毒副作用降至最低，同时又避免造成患者过早或过晚苏醒。

借助麻沸散，华佗的外科手术技法也日趋成熟完善。对于那些郁积在体内、针灸服药不能治愈的疾病，他果断地采用手术治疗来彻底清除病灶，比如，是肿瘤的就切除，若病在肠胃，就将肠胃截断，除去其中有疾患的部分，洗涤干净后再仔细地缝合接好，在伤口处敷上药膏，通常四五天后便可愈合，一个月左右就完全康复了。

在《三国演义》中，记载有华佗为关羽刮骨疗毒的故事，讲的是关羽在襄樊之战时右臂被魏军毒箭所伤，后来伤口日渐肿大，十分疼痛，久不能愈，便请华佗来治。华佗认为箭毒已经入骨，必须剖臂刮骨才能根除。关羽同意接受手术，但是拒绝服用麻沸散，只靠与人饮酒下棋分散对疼痛的注意力，手术中关羽神色不改，谈笑风生。这个在民

关羽

三国遗韵

间广为流传、脍炙人口的故事，意在表现关羽的神勇和华佗医术的高超。但这个故事是虚构的，因为华佗早在襄樊之战前几年就已经被曹操所杀。根据《三国志》的记载，关羽刮骨疗毒确有其事,但是为他治病的医生并不是华佗。尽管故事是虚构的，但是也从一个侧面反映出当时外科手术及麻醉技术的普及和发达程度，以及华佗医术的高超。

令人遗憾的是，华佗生前始终严守麻沸散的配方秘密，不肯外传，在他被曹操杀害后，配方就失传了，成为古今一大历史谜团。直至宋代以后，我国古代的麻醉技术才得以部分恢复，出现了用于局部麻醉的腧穴针刺麻醉法和骨伤科专用的麻醉配方，但是类似麻沸散的口服全身麻醉配方却始终未能出现。

曹操塑像

知识加油站

麻沸散在世界医学史上的重要地位

世界纪录协会认定麻沸散为世界上最早的麻醉剂，认定华佗是世界上最早使用麻醉剂进行外科手术的人。麻沸散创造了中国古代医学史上的一个奇迹。美国人拉威尔在1926年出版的《世界药学史》中认为，中古时代阿拉伯人所使用的一种麻醉剂，很可能源自古代中国，因为“中国名医华佗最精此术”，他还尊称华佗为“中国的希波克拉底”。

长沙马王堆西汉墓出土的导引图彩色帛画

第三章

医学体育　五禽之戏

人体欲得劳动，但不当使极耳。动摇则谷气得消，血脉流通，病不得生，譬犹户枢不朽是也。是以古之仙者为导引之事，熊经鸱顾，引挽腰体，动诸关节，以求难老。吾有一术，名五禽之戏：一曰虎，二曰鹿，三曰熊，四曰猿，五曰鸟。亦以除疾，并利蹄足，以当导引……

——华佗

华佗不仅是著名的医学家，同时也是我国古代医疗体育的创始者之一，他不仅善于诊治疾病，更提倡养生之道，继承和发展了前人“圣人不治已病，治未病”的预防医学的思想观念和理论。

我国古代医疗体育的源头可上溯至先秦时代，《庄子·养生主》中便记载有“二禽戏”，二禽分别指熊和鸟，先秦古汉语中的“禽”，并非专指飞禽鸟类。而是泛指各类禽兽。《庄子·养生主》里说：“熊经鸟伸，为寿而已矣。”意思就是通过模仿熊和鸟这两种动物的神态动作来达到强身健体、延年益寿的目的。长沙马王堆汉墓中出土的帛画上，也绘有多种以人模仿

鹿群

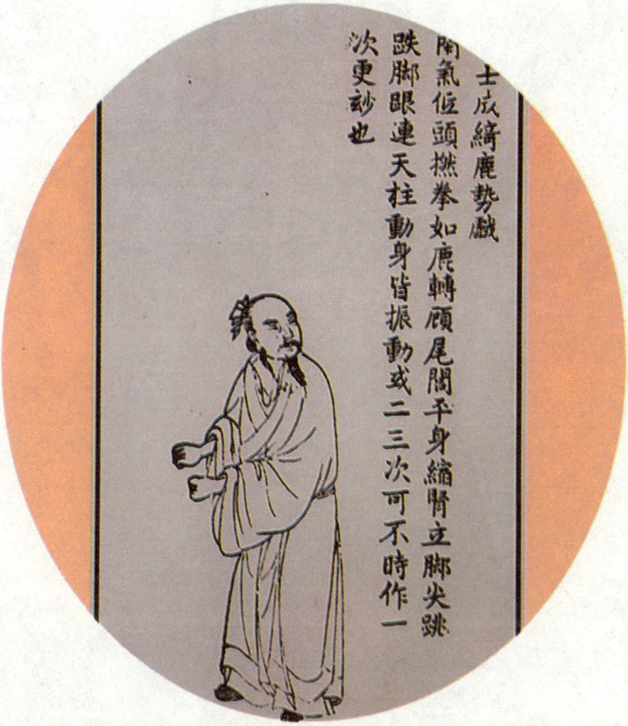

五禽戏鹿戏图

动物形神起舞健身的导引图文，可见早在华佗之前，医疗体育的发展便已源远流长，初具规模。前人在医疗体育方面的悠久传统和丰厚遗产，令青年时代的华佗深受熏陶和启发。

有一次，华佗去山中采药，归途之中走累了，就随便找了个路边的树荫坐下来休息。他放眼望去，不远处的林中幽静，一群体态优雅的麃鹿在其中觅食徘徊，令人赏心悦目。这时，忽见几只长臂猿在近旁的树上攀爬跳跃，不停鸣叫，鹿群被这些突然出现的不速之客惊吓得匆匆离去，很快便从视线中消失了，林中又恢复了平静。鹿和猿警觉的神态、机敏轻盈的动作步伐，给华佗留下了深刻印象。他若有所思地回到家中，回想起方才在归途中看到的景象，又联想起古人留传下来的二禽之戏、六禽之戏等健身功法，顿时灵感萌生。他心想，既然人与天地万物的性质特点可以用木、火、土、金、水的五行学说来

归纳和解释，那么何妨进一步取象比类，把五行、五脏与五种有代表性的动物匹配联系起来，既然可以有二禽之戏、六禽之戏，那么与五行、五脏相对应的五禽之戏，岂不是更在道理之中。想到这里，华佗不由得眼前一亮。

又经过几个月的观察试验和揣摩推敲，华佗终于编制出世界医学史上第一套医学保健体操舞蹈——五禽戏，而五行脏腑学说正是他创制五禽戏的指导思想和理论基础。

弟子吴普每天跟随华佗采药行医，他见师父几个月来一有空闲时间便会站在某处空地上，时而凝神思索，时而举手投足，反复做一些稀奇古怪的动作，伴之以吐纳呼吸，时而又停下来，再次陷入沉思。吴普自幼聪明好学，见到这种情景，自然觉得十分好奇，凭借自己的学识和直觉，他意识到师父一定是在操练某种新的健身导引之术。有一天，他待师父在空地上操练完毕，正要回屋休息时，便赶忙上前请教。

华佗面带会心的笑容，对吴普说道：“人的身体应该得到运动，只是不应当过度罢了。运动之后所食的谷物才易消化，血脉也得以环流通畅，疾病就不易发生，就如同经常滑动的门闩不会被虫蛀而腐朽的道理一样。古代求仙的人常做的导引之术，包括模仿熊攀缘树枝和

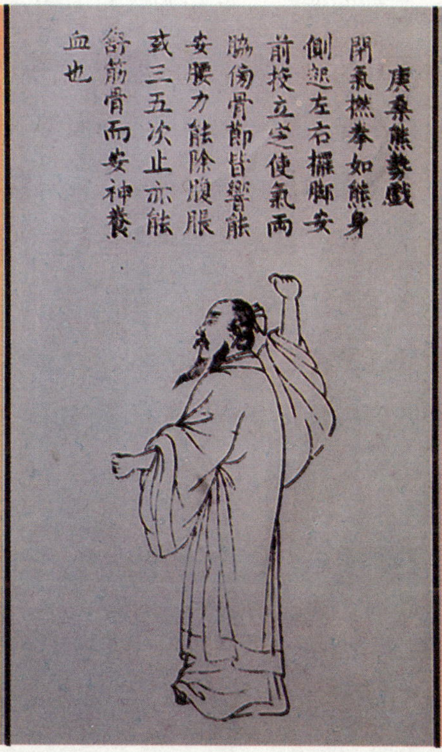
庚桑熊勢戲
閉氣撚拳如熊身
側起左右擺腳安
前投立定使氣兩
脇傍骨節皆響能
安腰力能除腹脹
或三五次止亦能
舒筋骨而安神養
血也

五禽戏熊戏图

鸱鹰转颈顾盼的动作，借此舒展腰肢，活动筋骨关节，以求延年益寿。为师有感于此，受到启发，也悟出了一套锻炼方法，依天地五行之理，取五禽之名，叫作‘五禽戏’。五禽戏以一虎二鹿三熊四猿五鸟为序，一为虎戏，二为鹿戏，三为熊戏，四为猿戏，五为鸟戏。可以用来防治疾病，也可使腿脚轻盈便利，成为一种导引健身之术。当身体不适的时候，就起来做其中一戏，待流汗浸湿衣服后，就停下来给自己搽抹爽身粉，身体便会觉得轻松灵活，也有食欲了。这套功法可以用来恢复和激活人体平常活动不到的某些部位的机能，达到疏通经络、调和气血、增强体质、抵御外邪的目的。”

吴普听到这里，更觉好奇欣喜，急忙请师父继续深入讲授。华佗也兴致勃勃地回到庭院当中的空地上，一边向吴普演示分解动作，一边详

白鹤

细讲解：“演练各戏之前，先要‘象形取意’，意想各禽的状态，心中呈现各禽的意境，将自身融入五禽日常生活起居的动作神态之中，仿佛自己已化身为此禽。比如，演练虎戏时，意想自己为出山猛虎，气势勇猛，觅抓食物；演练鹿戏时，意想自己为林中麂鹿，左顾右盼，轻足疾走；演练熊戏时，意想自己为丛中憨熊，脚踏实地，舒缓沉稳；演练猿戏时，意想自己为树上灵猿，机敏迅捷，上下攀缘；演练鸟戏时，意想自己为空中飞鸟，伸筋展翅，盘旋飞舞。操练时要排除心中各种杂念，聚精会神，外形内意，刚柔相济，导气令和，引体令柔，以意导气，形随气动，达到呼吸、动作、意念三者相合相随的目的。”

吴普一边体会动作要领，一边接着问道：“那么，五禽功法与五行、五脏到底是怎样一种对应关系呢？”华佗将动作停下来，回答道：“练五禽，一练虎戏主水，固肾壮骨；二练鹿戏主木，疏肝强筋；三练熊戏主土，健脾和胃；四练猿戏主火，养心健脑；五练鸟戏主金，补肺固表。肝木生心火，心火生脾土，脾土生肺金，肺金生肾水，肾水生肝木。五行相生，练五戏，强五脏，五脏相生，生生不息。你要结合平时所学的五行脏腑方面的医学理论认真体会，方可真正领悟这套功法的精髓。”

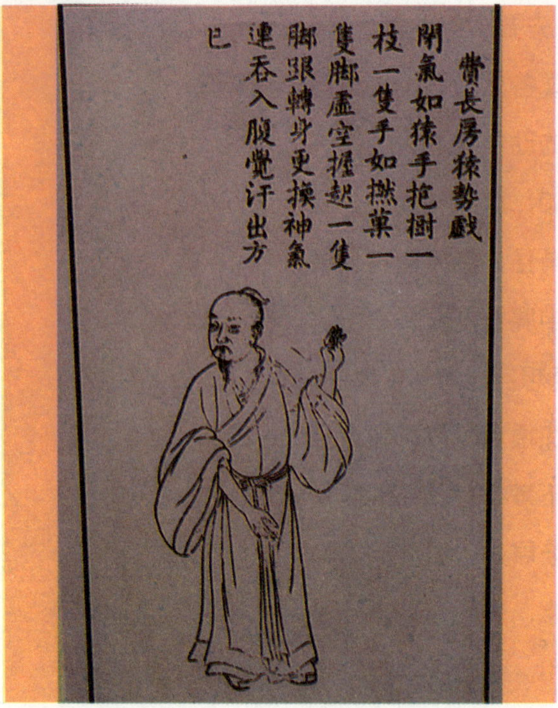

五禽戏猿戏图

吴普聪敏好学，领悟很快，华佗感到很欣慰，于是又叮嘱道：“此功法虽然可以用来锻炼身体，防治疾病，但并不能在短期内取得明显效果，不可心急求治，而必须持之以恒，坚持不懈，方能收到实效。另外，操练时还要注意肢体平衡，发力适当，运动适量，倘若运动过度，以致大汗淋漓，身心疲惫，反而对健康不利。”

此后，吴普依照师父所授五禽戏法坚持每日锻炼，得享 90 多岁的高寿，去世之前依然耳不聋眼不花，牙齿坚固完好。

后来，华佗应召在许昌给曹操治病，闲暇之余，在城中闲逛，看到有很多年老体弱的人，他们由于失去了劳动能力，整天只能在街边闲坐，听天由命，无能为力，悲苦无奈之状令他十分同情。他突然想到，自己创制的五禽戏，如果只是传授给自家弟子，岂不狭隘，这些平常百姓若也能依照此法操练，使有病者更快康复，无病者健身预防，

五禽戏猿戏图

五禽戏

这不是比开出成千上万个药方更能造福于世吗？于是，他每天行医之余，在城中的广场空地上教授人五禽之戏，不收取任何费用。由于华佗的名气，很多人慕名而来，一时间城中操练者甚众，广场上经常有数百人聚在一起操练，场面十分壮观，以致很多达官贵人也参与其中。华佗死后，魏明帝还曾特召吴普入宫讲授五禽戏法，足见其在当时影响之大。把五禽戏称作世界上最早的健身广场舞，是一点都不过分的。

后来五禽戏在我国民间广为流传，又被称为“五禽操”“五禽功”“百步汗戏”等。南北朝陶弘景所著《养生延命录》记录了有关五禽戏的具体术势动作，但这是否就是华佗原创的五禽戏，尚存争议。华佗生前传授五禽戏时，主要靠动作示范，言语方面只做有关动作要领的抽象描述，这与言语本身在描述动作方面的局限性有关。术势动作可以定型，但试图通过语言去精确描述则有一定的困难。正因如此，后世

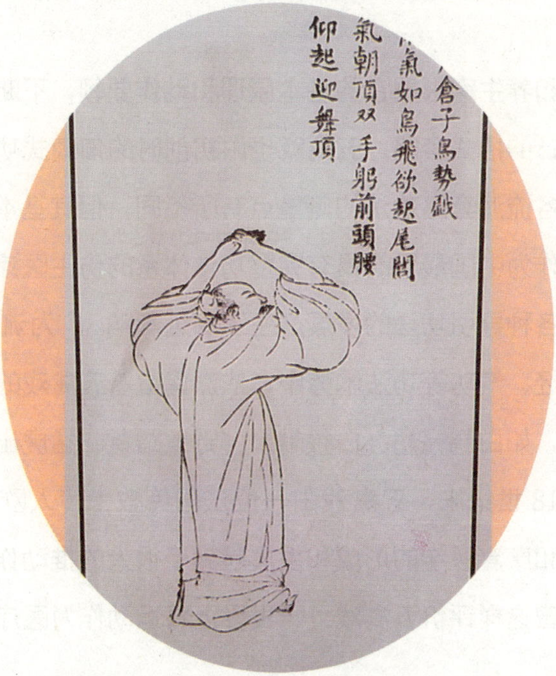

五禽戏鸟戏图

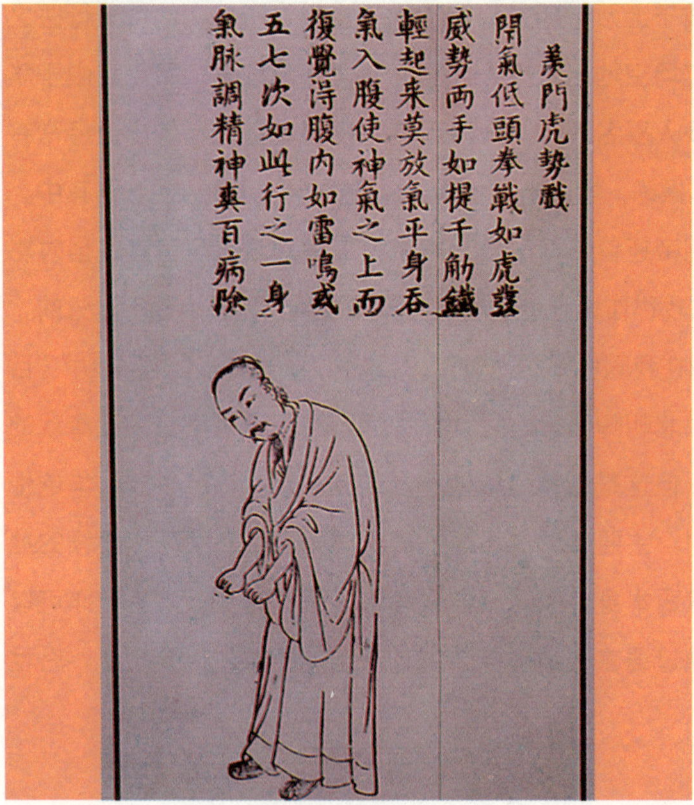
羨門虎勢戲
閉氣低頭拳戰如虎發
威勢兩手如提千觔鐵
輕起來莫放氣平身吞
氣入腹使神氣之上而
復覺得腹内如雷鳴或
五七次如此行之一身
氣脉調精神爽百病除
五禽戏虎戏图

医家和养生家根据它的基本原理和动作要领，不断发展创新，创编了数以百计的招式套路，五禽戏也由初创时的匍匐式功法发展为立式功法，虽然各流派套路功法的侧重点有所不同，但其基本要领却大体一致。

作为中国最早的具有完整功法体系的仿生医疗健身体操，五禽戏对后世各种导引功法的发展产生了深远影响。广为流传的太极拳、八段锦、易筋经、气功等功法术势中，依然保留着五禽戏的很多动作特征和命名习惯，如白鹤亮翅、白猿献果、野熊蹭背、猛虎出山等。

18 世纪末，五禽戏由一位法国传教士传入欧洲，对现代西方运动医学和康复医学的形成和发展起到了很大的推动作用。瑞典体育专家博盖茨曾这样评价五禽戏：“世界上将运动作为医疗保健手段最早的国家是中国，这是中国医学对全世界的重大贡献。”

1982 年，国家卫生部、教育部、国家体委发出通知，把五禽戏等中国传统健身功法确定为在医学类高等院校中推广的“保健体育课”的教学内容之一。2003 年，国家体育总局把重新编排后的五禽戏等健身功法作为“健身气功”的内容向全国推广。2011 年，经国务院批准，华佗五禽戏被列入第三批国家级非物质文化遗产名录。

知识加油站

什么是“治未病”？

“治未病”的说法最早源自《黄帝内经》的“上工治未病，不治已病，此之谓也”。即预先采取相应的措施，未病先防和既病防变，防止疾病的发生和进一步发展。

华佗奇石

华佗像

第四章

辨证施治 妙手回春

有一郡守病，佗以为其人盛怒则差，乃多受其货而不加治，无何弃去，留书骂之。郡守果大怒，令人追捉杀佗。郡守子知之，属使勿逐。守瞋恚既甚，吐黑血数升而愈。

——《三国志·魏志·华佗传》

华佗诊治疾病，不拘古法，不泥古人，而是依据病人的病情特点和体质特征加以辨证诊断，灵活施治，面对很多疑难杂症，都有解决的办法。

一天，府中官吏倪寻、李延一同来找华佗看病，两人的症状相同，都是头痛发热。于是华佗给倪寻开了服泻药，给李延开了服发汗药。旁人感到疑惑不解，为什么两人的症状完全相同，而开出的药方却不同呢？华佗回答说：“虽然都是头痛发热，但倪寻是外实之症，而李延是内实之症，所以用药也应不同啊！”两人服药后，第二天一早起来，都发现病完全好了。

军吏梅平，家住广陵郡，因病被除去

军籍退伍回家。刚走了不到二百里，便感觉身体虚弱，走不动了，于是在附近的一位亲戚家中留宿。华佗与这家主人相识，碰巧也来做客，主人便请华佗顺便为梅平看病。华佗看后对梅平说："您若早遇到我，病情可以不至于到这种地步。如今疾病已经固结于体内，便无法医治了。现在抓紧时间赶快回去和家人相见，安排后事，五天后性命不保。"梅平赶忙回家与亲人告别，五天后果然病故了。

有一位名叫顿子献的官吏，曾经请华佗看病，华佗治好了他的病，他认为自己已经痊愈，便在饮食起居方面放松了戒备，又恢复到平常的状态。一天，他按照约定来找华佗复诊，华佗为他切脉后告诫他说："您的病虽然已经治愈，但身体的元气尚未恢复，应当安静休养一段

扬州美景

汉代黄褐绢地枕头

时间才能完全康复，这期间不要让自己过度劳累，切忌房事，不然的话恐怕会有生命危险。”顿氏听后，不以为然，认为华佗小题大做了。碰巧，顿氏的妻子得知丈夫生病，便从百里之外的家中赶来看望，当晚，顿氏未能听从华佗的劝告，与妻子行房，三天之后果然旧病复发身亡。

县吏尹世得了一种怪病，四肢不适，口中干燥，小便不通畅，听到人声就心烦意乱。华佗说：“试着吃些热的食物，出了汗就会痊愈，如果不出汗，三日之内性命不保。”家人立即给他做吃热食，没有出汗，华佗说：“汗不得出，说明五脏的元气已断绝在体内，病人会哭泣而死。”后来果然如华佗所言。

盐渎（今江苏省盐城市西北）地方有一个叫严昕的人，与华佗熟识，有一天，他和几个朋友一起去看望华佗。寒暄之后，华佗发现他的脸色不好，就关切地问道：“你近来身体好吗？”严昕答说自己感觉很好，和以前没什么两样。华佗说：“我从你的脸色上看出你有急病，切记不要多饮酒，否则性命难保。”又把一剂葛花粉送给严昕，让他服下。严昕并没有听从华佗的劝告，当晚又与人豪饮。在回家的途中，刚走了几里路，便一阵头晕从车上栽倒下来，同行的人把他搀扶上车，回到家中，第二天就死去了。

东阳陈叔山的小儿子两岁时得了一种腹泻病，腹泻前常会啼哭，身体一天天地瘦弱下去。华佗诊后断定：“他的母亲怀他时，阳气聚养

当归

于体内，致使乳汁虚冷，孩子每次哺乳时都会吸得母亲的寒气，以致腹泻，因此总是不能好转。”于是华佗给孩子服下驱寒气的四物女菀丸，坚持服用十天之后，孩子就痊愈了。四物女菀丸是一种补气活血药，至今仍然使用，四物指的是大戟、芫花、杏仁、巴豆四种中药材。与四物丸类似的还有四物汤，以当归、川芎、白芍、熟地黄四味药材为主要原料熬制而成，也是一道补气养血的经典药方。

彭城有位妇人，天黑去屋外解手，不小心被毒虫咬了手，肿胀疼痛得又哭又喊。家人向华佗讨教解毒的药方，华佗摇头笑道：“什么药都不用，热水浸泡即可排毒。”他叫人把水加热到接近烫手的程度，让患者把手浸泡其中，水凉了就马上换上新的热水。泡了一阵子之后，

川芎

疼痛得到了缓解，到晚上的时候，就可以正常入睡了，第二天早晨就痊愈了。

军吏李成生病，咳嗽得很厉害，从早到晚都无法入睡，有时还会吐出脓血。向华佗求治，华佗告诉他："你这是肠痈之病，所吐脓血并非来自肺部，而是来自肠道。我先给你开两钱散剂服下，直到吐出两升多脓血为止。如果保养得好，一个月之后就可以起床行走了。平时多注意爱惜身体，一年之后就可以康复了。但是 18 年后会有一次小的复发，到时候再服下第二服药，就可以彻底痊愈了。如不照做，则必死无疑。"于是他把两服药交给李成，要他一定保管好，那李成千恩万谢后离去。服下第一服药后，果如华佗所言。五六年后，李成的一位亲戚也得了和他一样的病，得知李成手中有神药，便向他索要，李成有些犹豫，那位亲戚哀求道："您现在身体康健，而我已经病得要死了，不妨先把那药给我救命，过后我再找华先生替你补开也不迟啊！"李成觉得倒也是这么个道理，不忍心拒绝，便答应下来。过了一段时间，他找了个机会去谯郡找华佗补开那服药，不巧的是，华佗此时已被曹操抓入牢中。他不忍心在这个时候去给华佗添麻烦，心想等华佗出狱后再去求药也不迟，没想到不久之后华佗便被曹操杀害了。等到满 18 年后，李成

亳州建筑

果然旧病复发，无药医治而死去了。

还有一位病人，华佗诊断后说："你的病根很深，应该做剖腹手术，但是即便手术，也只能延长寿命不超过 10 年，因为手术并不能除去病根。"病人不堪病痛，请求华佗从速治疗。华佗就为他做了手术，把病暂时治好了，但是 10 年后，病人果然还是死去了。

有一位病人，身患头晕目眩的疾病多年，以致无法抬头和视物。华佗诊断后认为，此病是湿浊上升而引起的头晕目眩，不宜顺治，而宜逆治，根治的关键在于清除体内的湿浊血瘀。于是，他让病人把衣服脱光，又命人把他倒悬在房梁上，头离地大约一两寸的距离，然后

黄山

用湿布擦拭全身，再用布条将身体缠绕绷紧，静候观察病人的血脉变化。病人由于倒悬而使湿浊之气转而逆行向上，又有布条缠绕挤压，过了一会儿，果然见五种颜色的血瘀从身体各处渗出。于是华佗令弟子用长柄的手术刀切开其血脉，让五色血瘀流尽，直至有红色的正常血液渗出，才把病人从梁上解下来，再用药膏敷满全身为他涂抹按摩，又过了一会儿，见有汗水沿着匝布渗出。华佗又给病人服下葶苈犬血散，病很快就痊愈了。葶苈是一种中草药材。葶苈散是一种历史悠久、流传至今的经典方剂，由葶苈、牵牛子、猪苓、泽泻、椒目五味药材组成，具有泻肺逐水之功效，主治体内湿气过重、面目四肢浮肿、胸闷喘急、

千秋遺萬澤饒神州

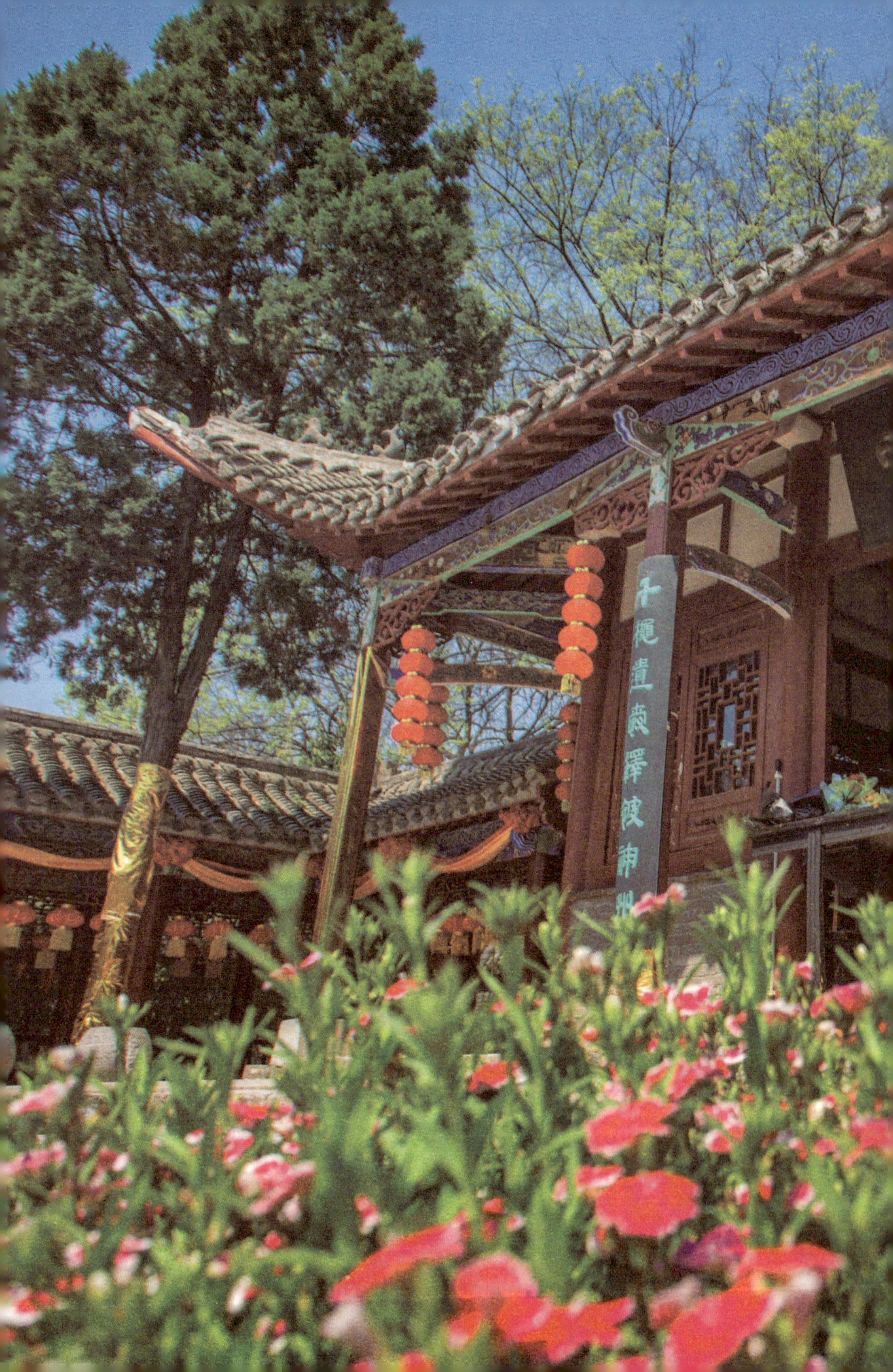

一代醫宗功伴良相

大黑狗

寝卧不安、小便淤涩、饮水困难等症。上述这位病人的症状用葶苈散是很对症的，华佗为了增强药效，又在葶苈散的基础上加入了犬血，故名葶苈犬血散。

有一位妇女，常年患一种寒热交加的疾病，也就是寒热两种症状集于一身的病。她看了很多医生，有的医生认为应该驱寒，有的认为应该除热，但是驱寒则热症不消，除热则寒症犹在，因此久治不愈。请华佗来治，华佗认为，应该先将病人体内的热气逼走，再将寒气蒸出，就可以把病根除。当时正值 11 月份的冬天，华佗让病人坐在一个大石槽中，叫人把一百桶冷水灌入石槽。灌到七八桶的时候，病人已经浑身颤抖，

华佗像

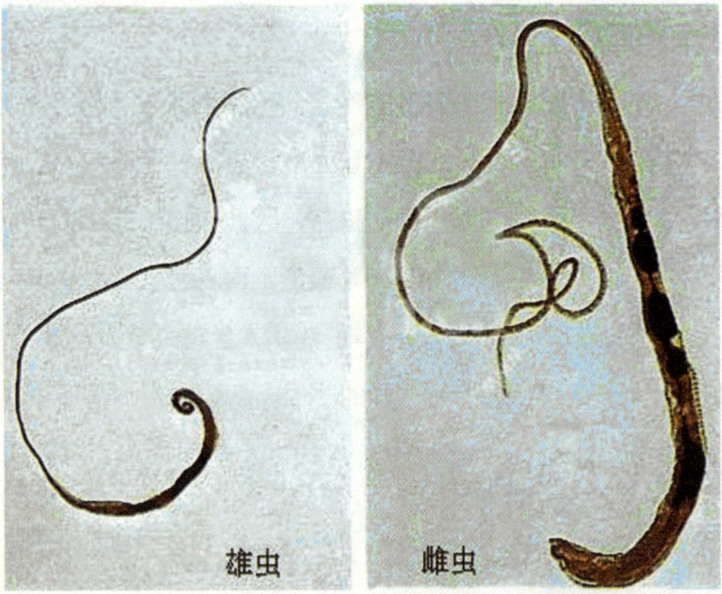

寄生虫

冻得不行了，灌水的人也不敢再灌了，华佗要病人务必坚持住，继续灌下去。将近八十桶的时候，病人头上开始有热气蒸腾，飘散至头顶两三尺高处而不消散。灌满百桶之后，华佗说，热气已经驱除得差不多了，让病人离开石槽。然后让病人躺到床上，盖上厚厚的被子，并在床下燃起火盆烘烤。过了很久，病人开始大量出汗，华佗又说，寒气应该也驱除得差不多了，于是让人给她全身擦粉，等到汗干透之后，病就治好了，此后果真再未复发，众人叹为神奇。

古时候，由于社会生产力低下，卫生条件简陋，寄生虫病是经常困扰人们的常见疾病。华佗通过不断实践摸索，总结出了一套治疗各种寄生虫病的简便有效的方法。

有一次，广陵太守陈登忽然发病，心中烦躁郁闷，脸色发红，没有食欲。华佗为他切脉后说道："您胃中有很多虫子，会在腹内形成毒疸，

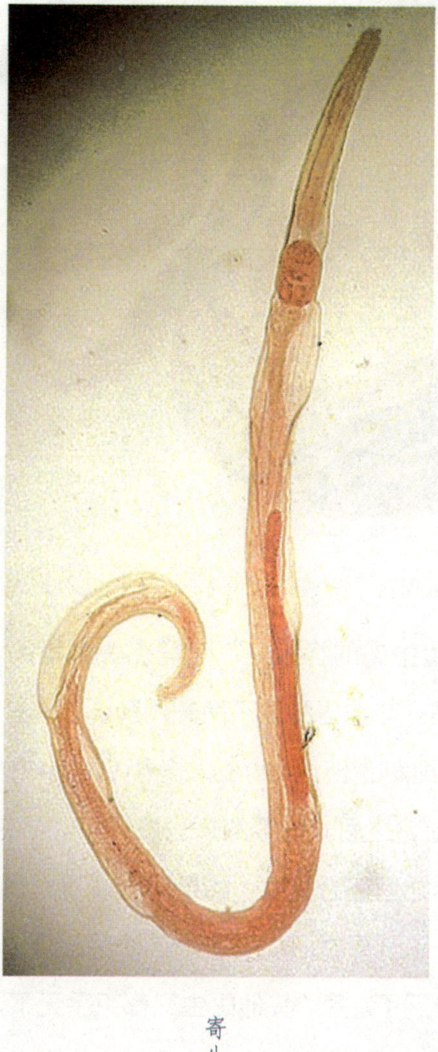

寄生虫

血吸虫蠕虫

是吃了太多的生鱼生肉的缘故。”陈登点头称是，承认自己的确有爱吃生鱼生肉的习惯。华佗当即熬了两升汤药，让陈登先后分两次喝下，过了一会儿，他果然吐出了大约三升多小虫。小虫头部呈赤红色，还在不停地蠕动。吐完之后，陈登的病也就好了。华佗叮嘱说：“此病病根并未除尽，3 年之后还会复发，如果到时候遇到良医，还是可以救命的。”3 年之后，陈登果然旧病复发，这才想起华佗的话来，赶忙派人去请，不巧华佗出门不在家，其他医生又都束手无策，陈登不治身亡了。

有一天，华佗坐车出门，在路上遇到一位患咽喉阻塞的病人，吃不下东西，正乘车去请人医治。华佗听到病人的呻吟声，便停下车来，走上前去探视，断定这还是寄生虫病。于是告诉病人：“我来时的路上有一个卖饼人家，他那里有蒜泥和醋，你把这两样东西多买些回来，用醋泡蒜泥，多喝些下去病就会好。”病人照做后，不大一会儿便呕出一条像蛇一样细长的寄生虫，病真的就好了。病人把虫挂在车边去找华佗登门道谢，华佗的孩子恰好在门前玩耍，看见车上挂的虫子，自豪地对同伴们说:“那一定是我父亲治好的病人。”病人走进华佗家中，环顾四周，见墙上竟然挂着几十条各类寄生虫，都是华佗治虫的成果。醋和蒜治虫的道理在于，它们作为刺激性的食物作用于肠道，促使附着在肠道内的寄生虫脱落并排出体外。用醋泡蒜治虫这个方法，至今

汉代马车

仍在民间广为流传，我们平时熟悉的泡菜“蓄蒜”，据说就是由此而来的。

华佗还善于运用心理疗法治疗某些疑难杂症。心理分析和心理治疗，在中医学传统理论中称作“情志说”。

曾有一位郡守生病，看了许多医生都没治好。华佗诊后认为，治这种病最好的办法是让病人发怒，借助怒气，将胸中的瘀血病邪呕出，病自然就好了。他把这个想法告诉了郡守的家人，请他们理解和配合。于是，华佗故意向郡守索要了很多诊费，却迟迟不肯给他开方抓药，几天之后，又不辞而别，还留下一封信辱骂郡守。郡守果然大怒，立

大蒜

捣蒜器

刻派人追捕华佗，郡守的儿子知道华佗的用意，便暗中阻拦了前去追捕的人。郡守听说抓不到华佗，更加怒不可遏，一气之下，呕出了几升黑血，病果然很快就好了。

华佗还是一位出色的妇科专家。甘陵（汉代诸侯国名）相的夫人怀孕六个月了，突然感到腹痛和烦躁不安。华佗诊脉后，断定胎儿已死，于是让孕妇喝下汤药流产，果然产下一个已死的男胎，病人随即痊愈。

有位李将军，妻子病得很重，请华佗去看。华佗切脉后说："夫人在怀孕的时候受过伤，胎儿也因此受到了伤害，但是并没有排出体外。"

汉地方职官封泥

将军说：“夫人怀孕时确实受过伤，但孩子已经出生了，怎么可能还在腹中？”华佗说：“脉象显示，胎儿还在啊。”将军认为华佗说得不对，华佗只好告辞离去。夫人的病随后好转了一些，但百余天后又复发了，将军只得再次请华佗。华佗又重新诊脉，终于弄清了其中的缘故，他说：“夫人的脉象显示，先前曾有胎儿，而且是两个，一个孩子先生下了，但是夫人失血太多，无力继续分娩，以致后面那个孩子没有及时产下。夫人当时自己没有感觉到，接生的人也没有注意到，停止了接生，结果第二个胎儿困死在母腹中，与母体的血脉联络中断，必然干枯地附着在母亲的脊背附近，因此夫人感到脊背疼痛。现在只要服下汤药，并针刺一处穴位，这个死胎就可以产下了。”汤药针刺后，妇人果然疼痛难忍，急着要生产，华佗说：“这个死胎日久干枯，无法自然娩出，只能让人用手把它探取出来。”接生者探取之后，果然得到一个死去的干枯男婴，手足都生得齐全，体色发黑，大约有一尺长。

华佗不但精通方药，在针灸学方面也有很多独到的见解和高深的造诣。他每次为病人做灸法治疗的时候，取穴不过一两处，燃灸不过七八炷，病就治好了。做针刺治疗时，也是每次只针一两个穴位，就手到病除了。针刺前，

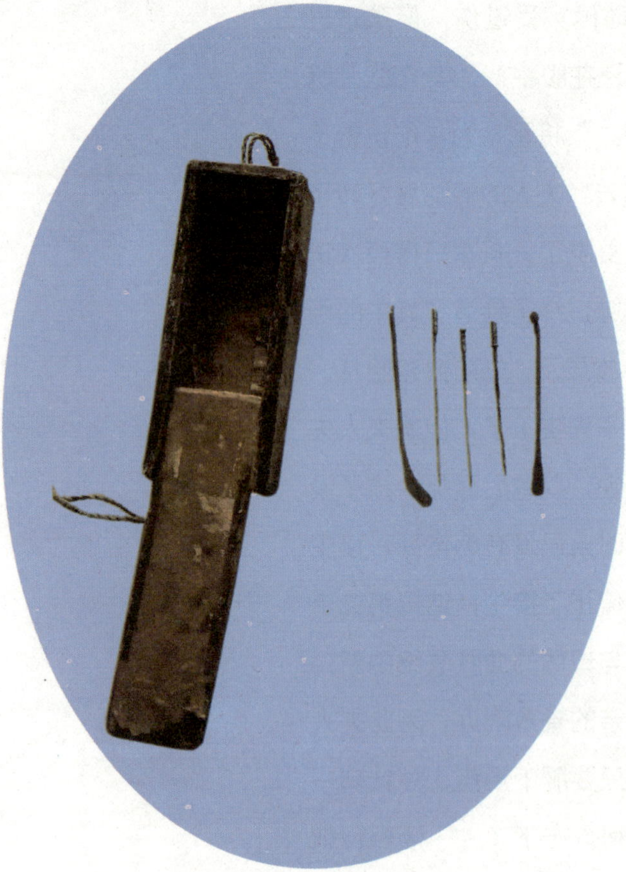

古代针灸器具

他会事先告诉病人针感要到达什么深度、什么部位，让病人依据针感回复，然后才由浅入深、循序进针，待病人回答“已到”，他就拔出针来，病也就随之治愈了。

有位病人跛足不能行走，坐着车子来找华佗看病。未等来到华佗近前，华佗已从远处望见他，说道：“他接受针灸、吃药方面的治疗已经足够了，也不需要再诊脉了。”于是让病人脱下上衣，在他的后背画上数十处穴位标记，这些标记相距或一寸或五寸，横看斜看都没有什么规律。华佗告诉弟子们在每个标记处燃灸，灸后留下的灼伤痊愈后，病人就可以正常行走了。

华佗像

他还从临床实践出发，纠正了古人留传下来的一些错误的取穴方法。有一次，一位名叫徐毅的患者，因病卧床不起，华佗前去探视，问他什么症状，徐毅说：“自从昨天请一位医官给做了针刺胃管治疗后，便咳嗽不止，无法休息。”华佗诊察后，叹息说：“那位医生操作失误了，没有刺中胃管，而是误刺肝脏了，过后会出现饭量逐渐减少的情况，5天之后恐怕性命难保了。”结果真的如华佗所言。

这个病例给华佗留下了深刻印象，经过反复研究，他认为徐毅之所以被刺伤内脏器官，是由于医官是按照古人“夹脊相去三寸”的取穴方法来下针的。华佗根据自己的临床实践，提出了“夹脊相去一寸”的新的取穴方法，按照这个方法下针，不仅更加安全，而且针刺效果

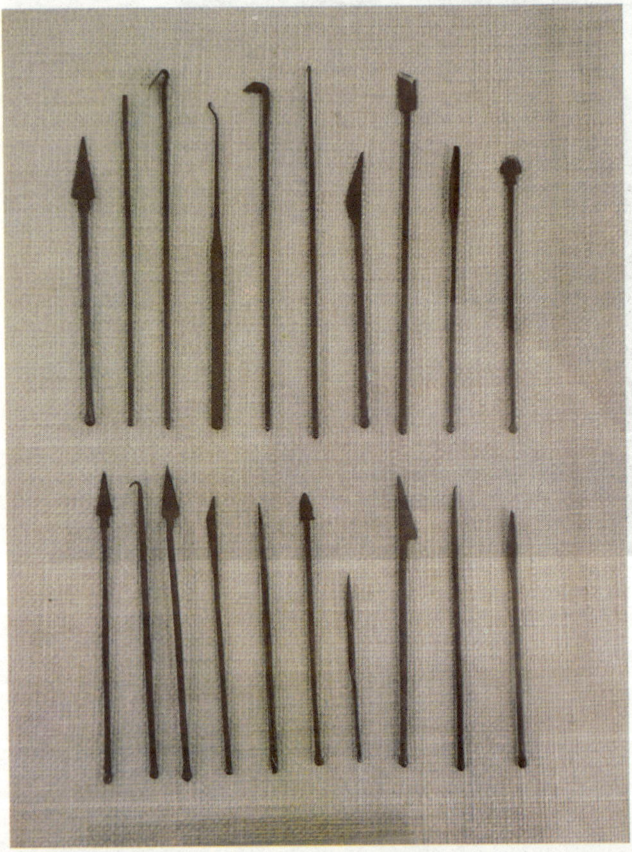

古代手术器具

也更好。后人为了纪念这个重要发现，将这个穴位命名为“华佗夹脊穴”。华佗首创的这些进针和取穴方法，临床上至今仍为广大医务人员所采用。

华佗像

知识加油站

中医的情志说

情志，是机体对外界环境刺激的不同情绪反应。中医学认为，人类有代表性的七种情志活动分别为喜、怒、忧、思、悲、惊、恐，称为“七情”。人的情绪情感的变化，同样有利有弊，如《养性延命录》所说：“喜怒无常，过之为害。”《三因极一病证方论》则将“七情”正式列为致病内因。

曹操像

第五章

冤逝狱中 遗憾后世

佗临死，出一卷书与狱吏，曰：“此可以活人。”吏畏法不受，佗亦不强，索火烧之。……及后爱子仓舒病困，太祖叹曰：“吾悔杀华佗，令此儿强死也。”

——《三国志·魏志·华佗传》

东汉末年，丞相曹操挟天子以令诸侯，独揽朝廷大权，雄心勃勃，试图吞并各方割据势力，统一全国。由于征战中积劳成疾，曹操平时疾病缠身，尤其是患有一种俗称“头风眩”的怪病，现代医学称之为神经性偏头痛，中医学称作风涎症，由于经常疲劳、焦虑和生气而发病，而且是半边脑袋疼，疼一阵子之后又会自愈，直到再次复发，很难根治。

这个病让曹操十分苦恼，宫廷里的太医都看遍了，谁也拿不出个好办法来。当年，江东名将周泰曾在战场上身负重伤，华佗为他治愈了伤病。曹操听说了此事，加上平时对华佗的高明医术也是多有耳闻。正巧这时，谋士华歆也向曹操举荐华佗。汉晋时代，士族势力强大，社会等级森严，有人表示反对，理由是华佗出身乡野，不是正统的官医出身。但曹操一向反对等级身份歧视，是一个主张唯才是举的人，他没有犹豫，决定请华佗一试。华佗是一个性情正直孤傲的人，他本不愿到朝廷里去侍奉那些皇亲国戚、达官贵人，但是面对曹操礼贤下士的初次召请，倒也不便拒绝，于是出发。

华佗来到丞相府，正巧赶上曹操此病再次发作，头痛难忍，华佗决定先为他做针刺止痛，解燃眉之急。取膈俞穴一针下去，疼痛很快就止住了。曹操大喜，以为病已治好，对华佗医术大加赞许。华佗笑道："我只是为您暂时止住了疼痛，但并未根治。此病由情志而来，是心病，还需治心。您平日操劳，想必多疑多虑易怒，再加上睡眠休息不好，故生此病。若想根治，还需放松心态，注意休息，宽以待人，戒怒戒

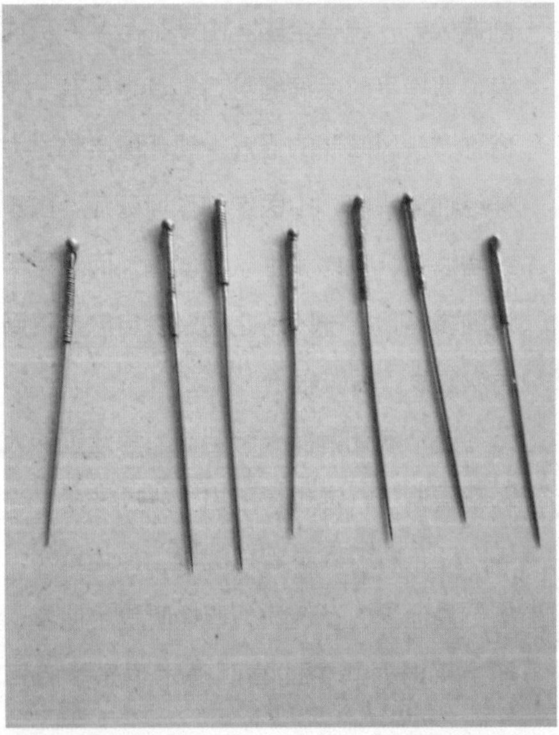

针灸针

亳州

躁。”华佗本是一番诚意，实话实说，却不料这些话触到了曹操的痛处，他认为华佗虽是善意规劝，但在众人面前贬损自己的品行让自己有些没面子，心里有些不高兴。但是曹操还是笑着接受了华佗的建议，并且重赏了他。

华佗与曹操是同乡，都是亳州人。曹操虽然心中有些不悦，但对于这位同乡的医术还是十分佩服的，于是便想借机笼络，把华佗留在身边长期做自己的私人侍医。华佗对曹操的为人早有耳闻，他知道曹操虽有雄才大略，但同时也是一个疑心病重和做事不择手段的人，虽是同乡且贵为丞相，但华佗在内心深处却是鄙视曹操的。面对曹操的厚礼赏赐和盛情挽留，华佗婉拒。他不愿在曹操身边久留，于是便提出告辞还乡，曹操不答应，借口酬谢款待，坚持要华佗在丞相府里多住些时日。这样，华佗实际上已经相当于失去了人身自由，被曹操软禁起来了，这令他感到懊悔不已。

华佗想到了一个脱身之计，就是假装无能，令曹操失去对自己的信任。于是，每次曹操请他看病，他都会假装无能为力的样子，表示自己医术拙劣，无法医治。曹操当然不是傻瓜，面对华佗的一反常态，他反而更加不肯放行。他私心重和多疑多虑的老毛病又犯了：你越是装假，我就越不放你走。你既然不肯为我效力，我若放你走，你也可能去为我的敌人效力，对我反而不利，所以我就更不能放你走。

此计不成，华佗整天闷闷不乐，只好在许昌城内每天靠采药、行医、钻研医术打发时光，顺便还向当地人传授养生健身的五禽戏法。他深知在曹操身边凶多吉少，为防不测，他利用这段闲暇时光，把自己大半生行医用药的宝贵经验汇总提炼，编写成书，取名《青囊秘录》，书中可能也包含了麻沸散的神秘配方。他希望此书能够流传后人，造福于世。几个月下来，手稿已编写完成，他长舒了一口气，感叹自己终于了却了一桩心愿，此生再无憾事了。

这一天，曹操的头风病又发作了，而且比往常疼得更厉害，侍从急忙来唤华佗。华佗只好无可奈何地起身，准备再像往常那样，用针

《青囊秘录》

刺膈俞穴的老办法止痛。但是他知道，曹操会一直这样没完没了地纠缠下去，不放自己走。而且，曹操这种刚愎自用的人，其多疑多虑的性情也不大可能改变，靠修身养性、陶冶情志治病这条路恐怕是走不通了。华佗也曾试着调制一些治疗此病的方药，但是曹操服用后，也只是略微减轻了症状，效果并不理想。所以，想来想去，华佗认为，在头风病这件事情上，也需另谋诊断，坦诚相告，打消曹操的疑虑，自己才有可能脱身。

想着想着，已经不知不觉来到曹操的病榻前。他一边进针，一边继续思考着头风病的病因和治法，突然，他眼前一亮，想到了古医书中提到的“风涎”。

不一会儿，曹操的头痛已经大大缓解了，屋子里的气氛也轻松了许多。华佗借机诚恳地对曹操说道："我知道您非常希望根治此病，我也一直在思考根治的办法。此病除与情志心态有关外，依据古医书中的理论，病因可能是您脑袋里的风涎所致，风涎是由风寒而引起的，只要清除掉它，病或许就可以根治了。"曹操连忙追问如何根除，华佗答道："祛除风涎，方药和针灸您平时也都试过了，都是只能治标缓解，但无法治本根除，若想治本根除，只能手术治疗。请您先服下我配制的麻沸散，麻醉后用利斧劈开头颅，取出风涎，再将创口缝合，静养数月应该就可以痊愈了。但是，只是说有风涎致病的可能，并不确定，这种开颅手术，我平生也是第一次做，并不一定有成功的把握，请您

古代医书

三国蜀道古剑门关

铁斧

斟酌。”曹操听后，脸顿时沉了下来，反问道：“就没有更好的办法了吗？人的脑袋怎么可以随便劈开？你难道想谋害我吗？”华佗答道：“丞相多虑了，我怎么敢谋害您呢？如果手术失败，我自己也是死罪，我和您没有冤仇，为什么要谋害您呢？我在许昌已经停留数月，如果有更好的治疗办法，一定会如实相告，我也就可以早点回家了，实在没有隐瞒的必要啊。”曹操听后，觉得华佗也确实是尽力了，不像是隐瞒了什么。便谢过华佗，又说了些宽慰的话，表示过后会考虑他的请求。

华佗知道，曹操当然会拒绝这种手术治疗方案，这或许可以成为自己得以脱身的理由。当然，关于风涎的辨证，中医学里是确有其事的，将头风的病因归为风涎，华佗也并未说谎。

但是，曹操仍然希望华佗长期留在自己身边，因为即便没有根治

四輪消叔運功參孫眾華佛

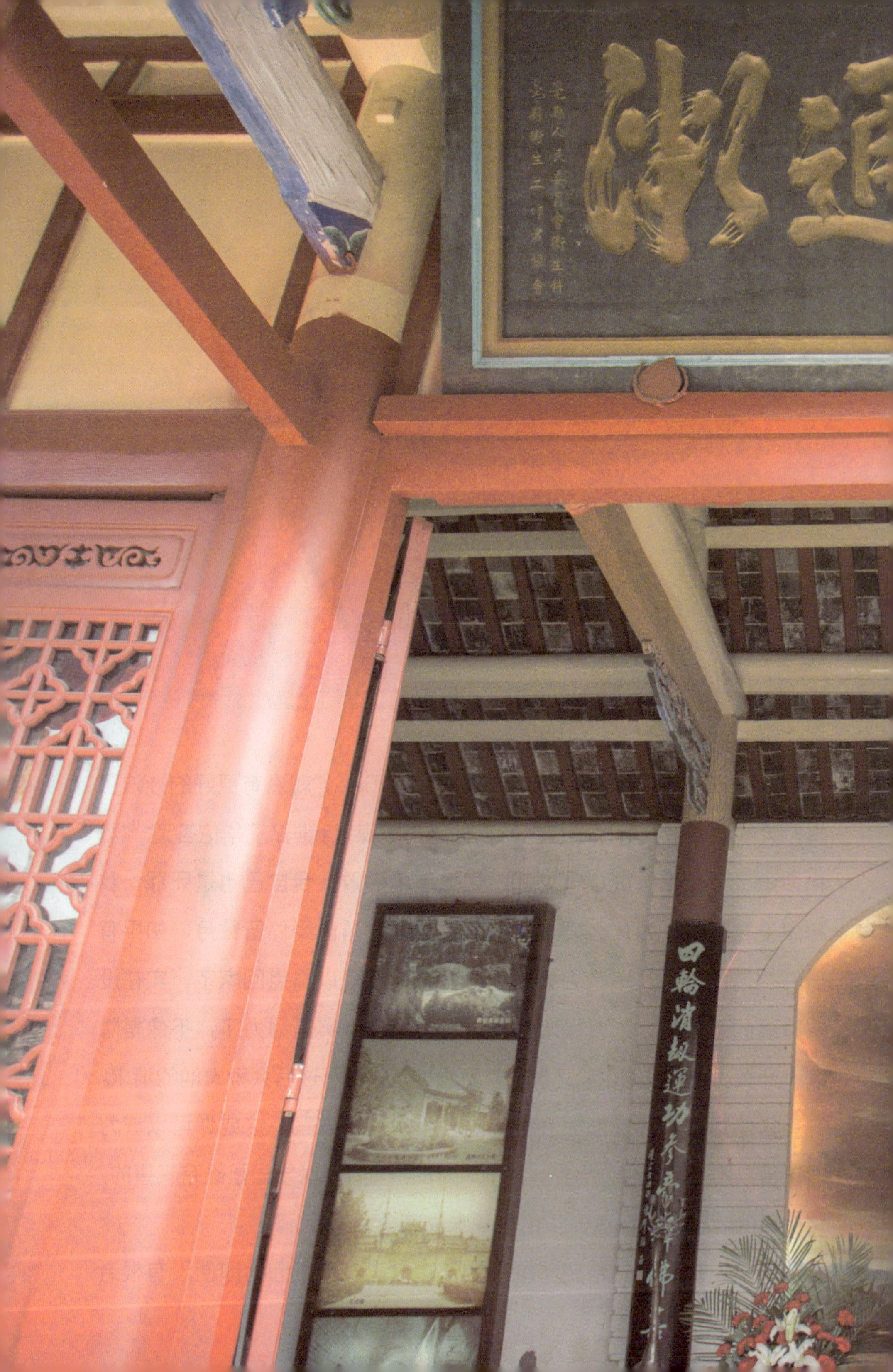

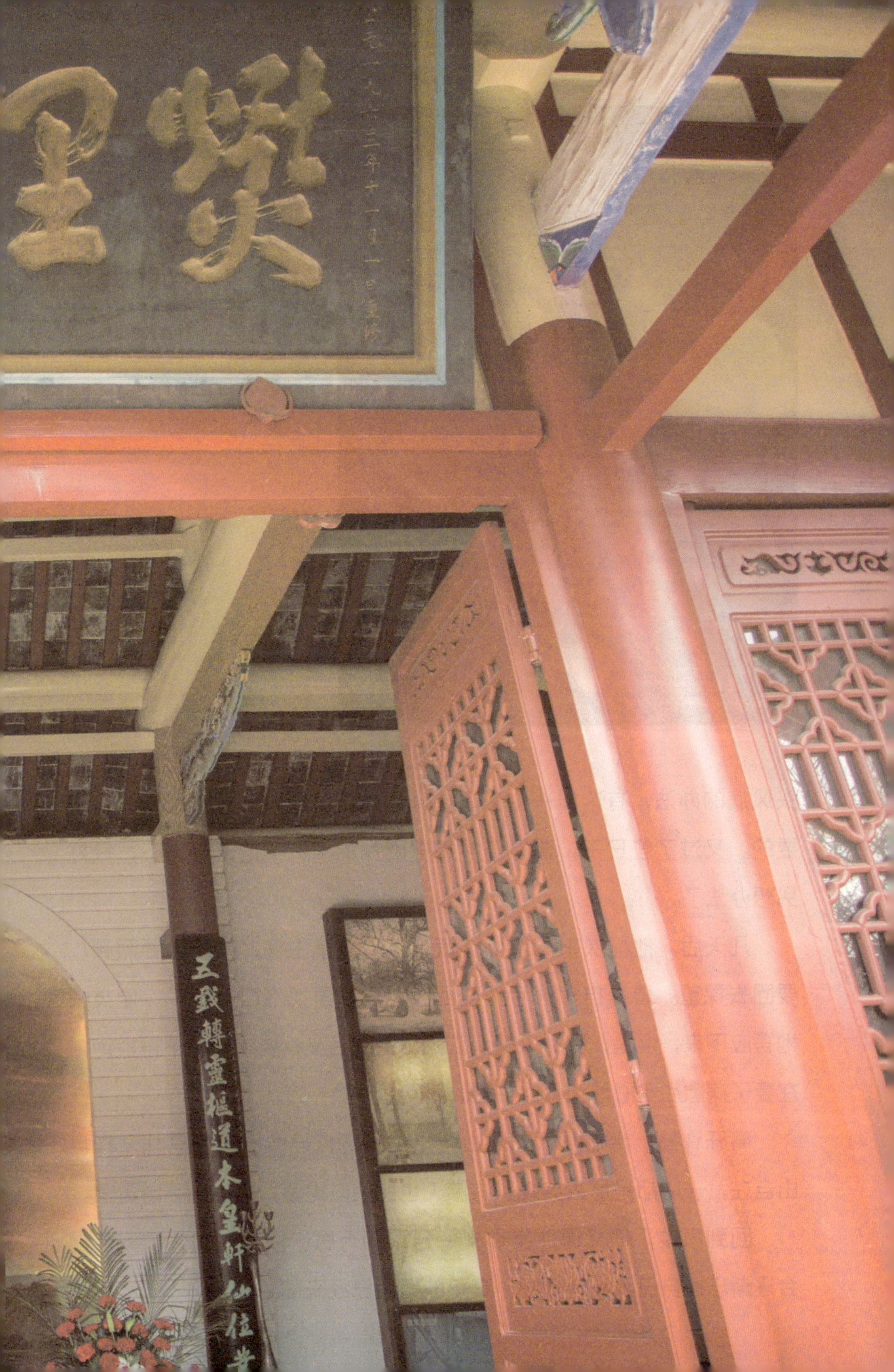
五載轉靈柩道本皇軒仙位

鸟

头风病的办法，有这样一位良医在身边为自己随时效力，也是很有必要的。又过了些日子，曹操仍然不提回乡的事。华佗无奈之下，只好另想办法了。

几天后，他再次来见曹操，谎称家中妻子生病，孩子需要照顾，要回去探望。曹操自知理亏，这回实在不好再找借口拒绝了，便爽快地答应下来，但是，仍然以朝廷正式征召的名义，要求华佗不得拒绝，在妻子病愈后务必尽快返回许昌，不可延误。

离开许昌，走在回家的路上，华佗感觉自己像出笼的鸟儿一样自由自在，一切都是那么美好，仿佛天也比平时更蓝，水也比平时更清。

回到家中，他又像往常那样每日采药行医，以为时间久了，曹操会逐渐忘掉自己。没有想到，真正的噩运已经来临。

天蓝水清

华佗像

汉代五铢钱

没过多久，曹操的头风病又犯了，他马上派人去找华佗。华佗也早有预料，他决定采取拖延战术，谎称妻子的病还未好，无法离开。曹操催了几次，华佗就是不肯动身。曹操有些不耐烦了，就给华佗家乡的地方官下令，要他们督促华佗，不论妻子的病情是否痊愈，都必须立即动身，否则就把华佗遣送回许昌。

地方官与华佗熟识，华佗以前给他治过病，两人交情很好。华佗请他出手相助，于是他暗中网开一面，找了很多借口，没有执行曹操的命令。华佗的妻子感到事态严重，有些害怕了，她劝华佗要么安心回许昌供职，不必惦念家中，要么远走他乡，先躲一躲再说。华佗也很无奈，答道："许昌我是无论如何不想再回去了，回去之后再想回来可就难了，我平时自由自在惯了，高官厚禄我是不稀罕的。如今到

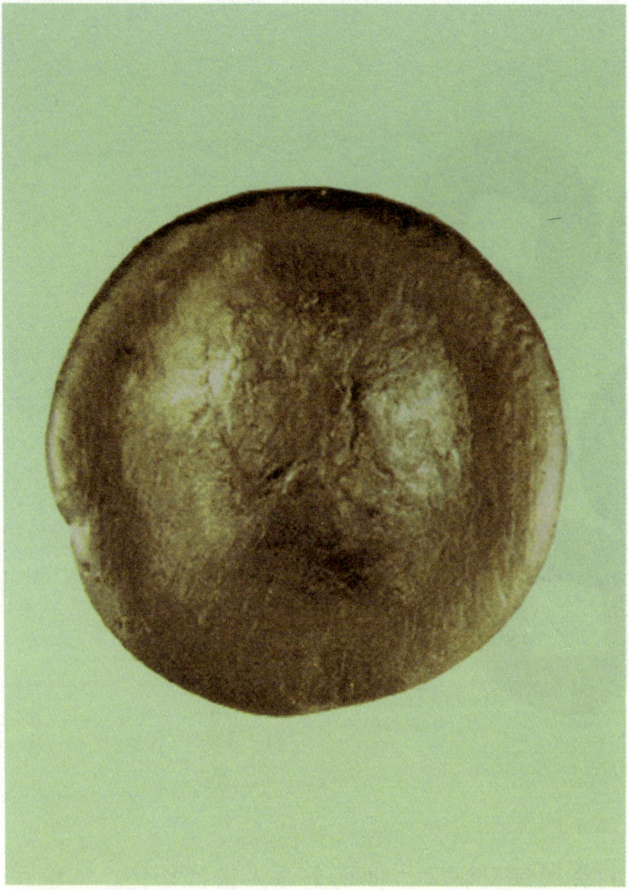

汉代金饼

处兵荒马乱，天下动荡，想躲又能躲到哪里去呢？反倒还是家乡最安全，这里熟人多，总会有办法的。”他仍旧认为，最好的办法就是一直拖下去，认为曹操每日操劳军国大事，时间久了，一定会忘掉他这个小人物的。

但是他没有想到的是，曹操对这位神医同乡偏偏盯住不放了。他见华佗迟迟不归，地方官也再三托词，觉得很不正常，于是决定查个水落石出。他再次派侍从前去暗中探访，他叮嘱侍从，要暗中查访，如果其妻有病属实，就赏给华佗小豆四十斛以示慰问，允许他继续延期照料病人，如果是撒谎，就直接将他逮捕押送回京。华佗就这样被押解回许昌。

汉代陶俑

曹操大怒，决定以欺骗上级和违抗征召这两项罪名，将他打入监牢治罪。曹操本以为华佗会向他乞求恕罪，这样就可以有借口把他长期扣押在身边。没想到，面对曹操的淫威，华佗大义凛然，不但没有卑躬屈膝，反而决定抗争到底，对自己的所作所为坦承不讳，毫不隐瞒。曹操更加怒不可遏，决定治华佗死罪。谋士荀彧上前劝阻："华佗虽然有罪，但是念他医术高明，世间难得，还请丞相宽恕，免其死罪，以观后效。"曹操怒气未消，完全听不进去："他算什么神医，根本治不好我的病，只不过是一个欺世盗名的骗子罢了，还说要用斧头劈开我的脑袋治病，你见过这样胡说八道的神医吗？先生放心，世上绝对不缺少这种无德无能的鼠辈！"

华佗在狱中得知死罪的消息后，并未感到意外，反而心情十分平静。他整理了一下衣物，掏出随身携带的那卷《青囊秘录》手稿，对狱卒说："可否让我见一见我的家人和徒弟，我要把这卷书稿交给他们。"狱卒说路途遥远，时间已经来不及了。华佗叹了口气，接着说道："那就

汉代竽

拜托你转交给他们吧，如果找不到他们，书就送给你了，这卷书是我毕生行医经验的总结，流传下去还是可以治病救人的，希望你能妥善保管。”狱卒是个胆小怕事的人，他怕自己会因为这本书而受到牵连，没敢收下。华佗感到十分遗憾，他向狱卒要来火种，含着泪把书烧掉了。

后来，曹操最喜爱的幼子曹冲病亡，他也后悔杀掉华佗，叹息道：“如果华佗在，这孩子也不至于小小年纪就夭折啊！”

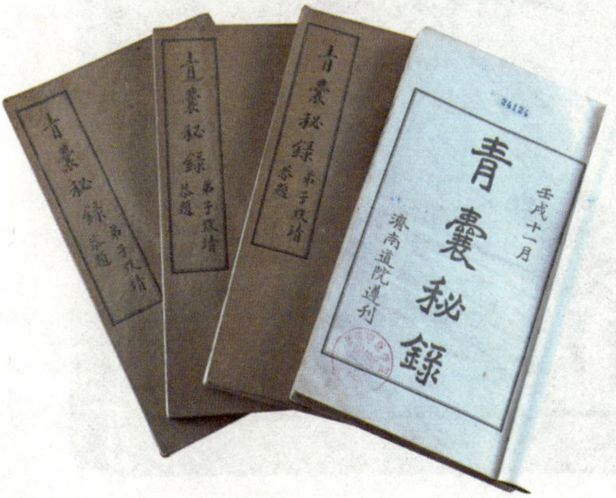

《青囊秘录》

知识加油站

什么是风涎？

风涎为病症名。中医学认为，风涎为六涎之一，指因风气蒸动痰涎，填塞胸中，以致闷倒而不知者。治宜顺其风气，使胸中之痰涎随气而下，则痰涎自顺。涎多由脾受风而起，是谓脾风多涎。而当脾风走天柱穴及耳后侧天池穴，则为风涎，轻则为偏头痛，汤药可及。风走肺则为涕，走脾则为涎。

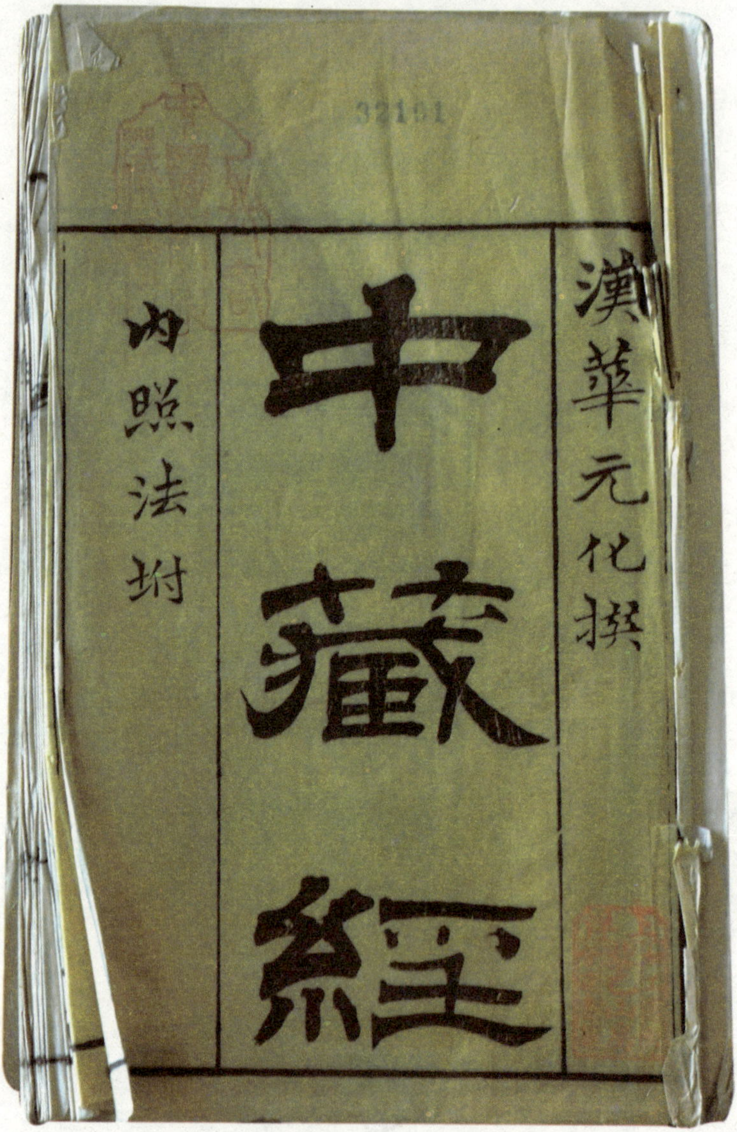

《中藏经》

第六章

桃李不言 下自成蹊

医籍传世与否，自当首重学术价值。若学伪术伪，则虽非伪托亦终不传；若学真术真，则虽伪托亦终不可不传。

——孙光荣《中藏经校注后记》

华佗一生医学成就丰富卓越，从生理、病理、药理、方剂到临床，都有独到见解。《青囊秘录》虽然没能流传下来，但是他的学术思想并未完全湮没。他的弟子们继承和发扬了他的医术和思想，成为一代名医，其中最著名的就是吴普、樊阿和李当之。

吴普是广陵人，樊阿是彭城人，早年都跟随华佗学医。吴普依照华佗的教导行医，治愈了很多疑难疾病，他还是著名的药物学家，其著作《吴普本草》在中国古代医学史上占有很重要的地位。樊阿擅长针刺疗法。当时的医生们都认为背部和胸部脏腑之间不可以随意针刺，即使下针，深度也不可以超过四分，而樊阿针刺背部穴位，竟然能够深达一二寸，在胸部的巨阙穴进针，更是深达五六寸，病人不但安全无恙，而且病也都痊愈了。

樊阿曾向华佗求教可以强身健体、延年益寿的药物，华佗便把“漆叶青黏散”的配方传授给他：漆叶晾晒干燥后磨成的粉屑一升，青黏晾晒干燥后磨成的粉屑十四两，按照这个比例混合熬制，长期服用，可以打掉三种寄生虫，有利五脏，使人身体轻便、头发不白。樊阿遵照这个配方坚持服用，活到了一百多岁。漆叶就是漆树的叶子，当时的中原地区很多地方都有生长；青黏，又名地节、黄芝，是一种草本植物，主要生长在丰县、沛县、彭城和朝歌一带。

李当之是三国时期著名的药学家，也得到了华佗医术的真传，曾是曹操手下的军医，专门为曹操熬制汤药，著有《李当之药录》。

药壶

假连翘

华佗

除了华佗弟子们留下的医案和著作之外，很多医学古籍文献中也记载有华佗行医的逸闻逸事和医学思想的片段，这些都成为后人研究华佗医学遗产的重要依据。

华佗对后世中医药学的影响很大，后人常将他与扁鹊并称。有很多药物和疗法也都以“华佗”来命名（如华佗再造丸、华佗养生口服液、华佗祛斑霜、华佗肾宝胶囊），同样，“青囊”也同“岐黄”“杏林”“悬壶”等一样，成为中医药文化标志性的名词。

知识加油站

华佗学术思想的特点

后人对华佗的学术思想和医学成就给予了高度评价，可归纳为以下五个方面：一是完整的养生健身学说；二是清晰的辨证论治思想；三是精准的诊断方法；四是独到的特色疗法；五是精湛成熟的外科手术技艺。

扁鹊

后记

华佗的学术思想和医学成就可谓博大精深，由于篇幅和故事情节所限，正文部分未能向读者充分展示，笔者特在此以后记形式将部分有价值的知识点归纳汇总，补充介绍如下，以飨读者。

什么是导引?

“导”指“导气”，导气令和；“引”指“引体”，引体令柔。导引是我国古代将呼吸运动（导）与肢体运动（引）相结合的一种养生术，也是气功中的动功之一，与现代的保健体操相类似。华佗所创五禽戏，从广义上讲也是导引术的一种。

气功养生，是传统中医学的重要组成部分，在几千年的发展历程中，吸收了不同历史时期、不同领域、不同学科中有益于人体身心健康的学术观点，在功法技能方面形成了不同的流派，其中影响较大者有医家气功、道家气功、佛家气功、儒家气功、武术气功。医家称之为导引，佛家称之为禅定，儒家称之为心斋，道家称之为内丹、周天，武术称之为内功。这些对气功的不同称谓，反映了各派不同的修炼目的和方法，医家修炼的目的在于健身防病，佛家道家的修炼旨在追求内心超脱，儒家的修炼旨在追求人格完善，武家修炼旨在防身制敌，但各家都强调调身、调息、调心三调合一的身心锻炼技能。

在各家气功流派中，医家气功的历史最久，发展最快，普及最广。医家气功是中医治未病的一种方法，对于健康人群来说，在于预防疾病，未病先防；对于病患人群来说，在于减轻和消除病症，既病防变。在中医理论指导下，因健康状况不同而选择不同的功法，辨病辨证施功。医家气功起源于先秦，发展于两汉，成熟于隋唐，兴盛于两宋金元，其中最具代表性的便是华佗五禽戏、六字诀、八段锦等。《黄帝内经》中记载的“导引按跷”是最早的医家气功，其历史已超过两千多年。《素问·异法方宜论》中阐述了气功的有关理论和具体操作，奠定了医家气功的理论基础。长沙马王堆西汉墓葬出土的帛画导引图，详实地展示了当时人们从事导引修炼的情景，说明气功健身在西汉初年已较为普及流行。

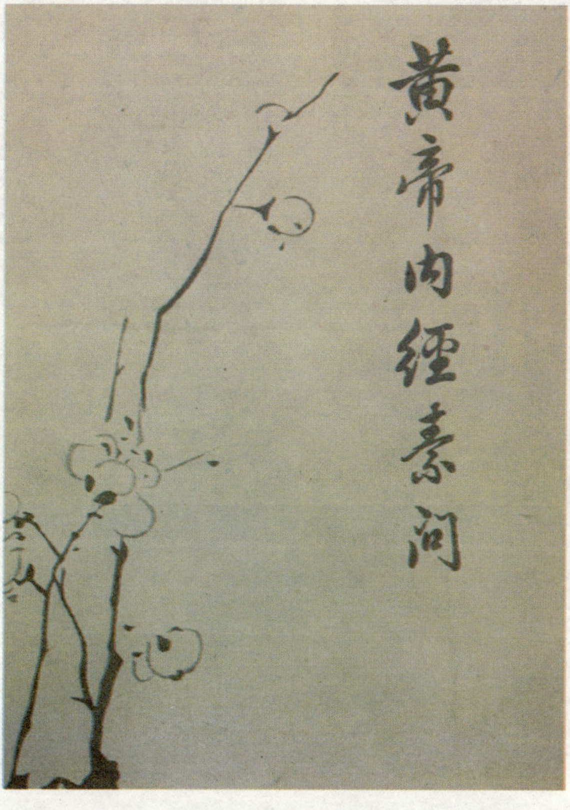

《黄帝内经素问》

现实生活中五禽戏的具体功效

五禽戏操练简便易行，在时间和场地方面要求十分宽松，室内室外均可，数平方米大小的一块空地即可满足单人练习需要。常年坚持练习，健康人群可防病健身，无病先防；病患人群可减轻症状，既病防变。五禽戏充分体现了“生命在于运动”的健康理念和中医学未病先治、预防为主的治疗理念。

练熊戏可调理脾胃滞食、消化不良、食欲不振等症状，有健脾胃、助消化、消食滞等功效。

练虎戏能增强夹背穴和督脉的功能，缓解颈肩背痛、坐骨神经痛、腰痛等症状。

练鹿戏可护肾减腰围。长期久坐、缺乏运动、生活不规律，会导致腰围增大，鹿戏的功法主要是针对肾脏的保健，很多动作都是围绕腰部来做运动，能强肾固本，缩减腰围。

练猿戏可增强心肺功能。猿戏中的猿跃动作遵循“提吸落呼”的呼吸方式，身体上提时紧胸吸气，下落时放松呼气，舒展胸廓，这组动作有助于增强心肺功能，缓解气短气喘等症状。

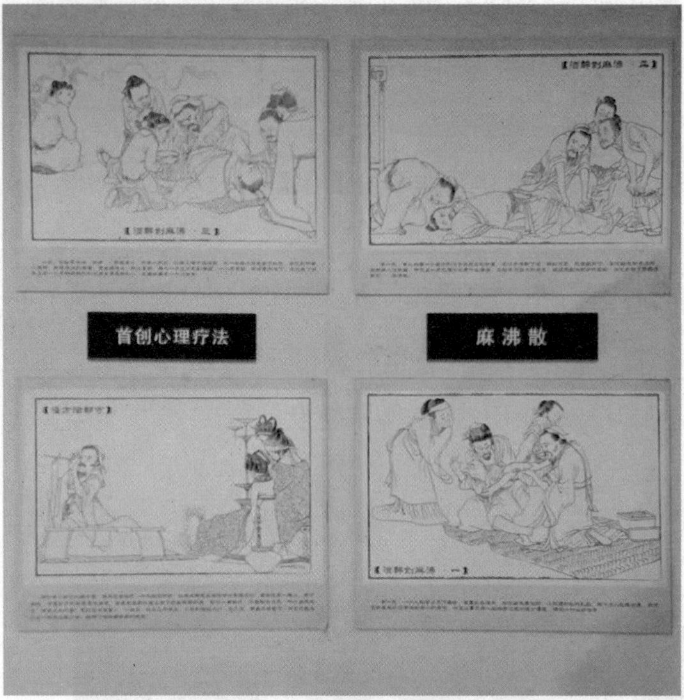

华祖庵展品

练鸟戏可预防关节炎。练鸟戏时，动作轻盈舒展，可活动筋骨，调理气血，疏通经络，祛风散寒，预防关节炎的发生。

现代医学研究也证明，作为一种医疗体操，五禽戏不仅可使人体的肌肉和关节得以舒展，而且有益于提高心肺功能，增强心肌供氧能力，促进组织器官的正常发育，适合多种体质和多个年龄段的男女老幼习练。如能常年坚持，对于治疗多种慢性疾患和改善人体亚健康状况效果明显。当代的研究者们还在五禽戏传统功法理论的基础上，探索和发展出多种针对不同疾症辨证施功的新理论、新疗法。

世界医用麻醉剂的发展历程

麻醉剂，是指用药物方法使人或动物的机体或机体局部暂时可逆性地失去知觉及痛觉的药剂，多用于外科手术或某些疾病的治疗。依使用对象不同，可分为人用麻醉剂和兽用麻醉剂；依麻醉程度不同，可分为全身麻醉剂和局部麻醉剂；依给药方式不同，可分为吸入式麻醉剂、口服式麻醉剂和注射式麻醉剂；依化学成分不同，可分为单一成分麻醉剂和复合成分麻醉剂。

纵观世界医学发展史，用于人体的医学麻醉剂的发明经历了一个极其艰难漫长的过程，之所以如此，正是因为医用麻醉剂的使用必须符合两个严格标准：一是安全性，即麻醉剂对患者的毒副作用必须限定在一个足够低的程度；二是有效性，即不论是全身麻醉还是局部麻醉，都要保证患者在手术过程中不至于因疼痛而苏醒或感到无法忍受。从史料记载上看，华佗在 1800 多年前所使用的口服式复合成分全身麻醉剂——麻沸散，正是很好地符合了这两方面要求。

唐代孙思邈编集的《华佗神方》中认为，麻沸散的配方组成是羊踯躅 9 克、茉莉花根 3 克、当归 30 克、菖蒲 0.9 克，水煎服一碗。宋代的《扁鹊心书》、元代的《世医得效方》、明代的《本草纲目》这三本书中都明确提到了曼陀罗花具有麻醉功效。《扁鹊心书》中载有麻醉剂“睡圣散”，书中说：“人难忍艾火灸痛，服此即昏不知痛，亦不

《本草纲目》插图

白花曼陀罗

伤人，山茄花，火麻花（即大麻）共为末，每服三钱，一服后即昏睡。”译自西洋的《南蛮流金疮疗法》《荷兰本草和译》也明确记载了曼陀罗花的麻醉作用，可以用于“斩肉、缝针”。日本 19 世纪著名医学家华冈青洲经过多年研究考证，认为麻沸散的配方是曼陀罗花 8 分、草乌头 2 分、白芷 2 分、当归 2 分、川芎 2 分，将以上药材研成细末后煎熬去渣后趁热喝下，2~4 小时内起效。元代危亦林的接骨术麻醉方为曼陀罗花、草乌各 1 分，川乌 5 分，白芷 5 分，当归 5 分，川芎 5 分，猪牙皂 5 分，木鳖子 5 分，搭配乌药、半夏、茴香、紫金皮、木香等以酒煎服。明代朱棣等撰《普济方》中则载有麻醉剂“草乌散”，即服用曼陀罗花使病人入睡，手术时刀割肌肤或从骨中拔出箭头，病人都不会感到疼痛。

不少当代医药学专家也根据历史文献对麻沸散的配方成分进行了分析考证，一说系由曼陀罗花 1 斤，生草乌、香白芷、当归、川芎各 4 钱，天南星 1 钱，共 6 味药组成；另一说系由羊踯躅 3 钱、茉莉花根 1 钱、当归 1 两、菖蒲 3 分组成。

一氧化二氮（笑气） 近代西方最早发明全身麻醉剂的人是 19 世纪初的英国化学家戴维。一氧化二氮俗称“笑气”，1800 年，戴维发现动物在一氧化二氮中会失去知觉，但过后可以恢复。他用一只猫做实验，将它放入盛满一氧化二氮的容器里，几分钟后，猫几乎完全失去了知觉。将猫取出，几分钟后，猫开始活动，半小时后恢复正常。1844 年，美国牙科医生韦尔斯首次将笑气用于拔牙，宣告了无痛拔牙时代的来临。但由于笑气在使用过程中容易使患者大笑不止且效果不够稳定，限制了它在外科手术中的普及。

乙醚 1841 年，美国医生威廉·莫顿从化学家杰克逊那里得到启示，决定采用乙醚来进行麻醉，发现其效果与笑气相仿，而比笑气更加安全有效。1846 年，他首次让病人在手术前吸入乙醚，使其失去知觉，为病人切除了一个肿瘤。随后，美国医生摩尔根也发现了乙醚的麻醉作用，并率先发表了他的发现。乙醚很快取代笑气成为外科麻醉药的首选。

氯仿 1847 年，英国医生辛普森发现氯仿的麻醉效果比乙醚更好，而且没有乙醚的易燃性和刺激性，他因此大力提倡使用氯仿代替乙醚用于外科麻醉。但在实践中，人们发现氯仿的毒性远大于乙醚。1880 年，威廉·梅斯文改进了辛普森的麻醉方法，他使用导管，把氯仿气体直接输入病人的气管，这一方法至今仍被沿用。乙醚和氯仿仍是当今最常用的吸入式全

猫

身麻醉剂。

乙烯 1908 年，美国芝加哥大学植物实验室的科学家克拉克和奈特发现，乙烯也具有麻醉作用，但效果不够稳定。

甲氧氟烷 20 世纪 60 年代，甲氧氟烷被发现具有很好的麻醉作用和镇痛作用，并很快成为一种临床广泛应用的吸入式全身麻醉剂。

人们对毒副作用更小、麻醉效果更好的新型麻醉药品的研制始终没有停止，不断推陈出新，麻醉药品的研制周期也在不断缩短。新一代麻醉药品包括：强效镇痛剂芬太尼及其类似物、埃托啡及其类似物、α2 受体激动剂美托咪啶、强效镇静剂氟哌利多、依托脒酯、吸入式麻

日出

醉剂安氟醚及其类似物、肌肉松弛剂维库溴铵及其类似物。注射已成为全身麻醉的主流给药方式。

局部麻醉适用于小型手术或局部手术，采用局部注射方式给药，最常用的局部麻醉剂是普鲁卡因盐酸盐、丁卡因盐酸盐、利多卡因盐酸盐。

为扬长避短，保证麻醉效果确实的基础上，降低其毒副作用，扩大其安全范围和使用范围，现今通常选用复合麻醉方式。复合麻醉是对各种麻醉药物、麻醉方法的精选组合，这样可减少每种药物的剂量和毒副作用，在对机体生理活动干扰最小的情况下，提供最佳的麻醉

华祖庵

手段，在临床应用中取得了较好的效果。

如何看待华佗医术和医学思想的真伪

中国古代假托前人之名著书立说的现象并不少见，许多后世的医药学著作都冠以华佗之名，真伪难辨。在收集整理和鉴别华佗著作和学术思想的过程中，公认的应遵循的基本原则如下：

一是凡流传于世，在学术界对其真伪尚存争议的著作，即便多数学者认定其确属伪作，但只要其中可能含有能够体现华佗学术思想的“华佗遗意”，也应给予关注和研究；二是在历代史志文献记录中题名为华佗所撰或为华佗弟子整理的著作，不论是完整著作，还是散见的佚文遗文，都应给予重视和研究；三是华佗弟子的著作及散见的佚

《青囊秘录》

文遗文，虽非华佗本人的言论，但仍有可能体现华佗的部分学术思想。

体现“华佗遗意”的公认的最具代表性的传世著作为《华氏中藏经》《华佗玄门脉诀内照图》《华佗遗方辑存》《华佗神医秘传》《华佗授广陵吴普太上老君养生诀》。这些著作都不是华佗本人撰写，比如《华氏中藏经》就是宋朝时期的作品，但都反映了华佗的部分学术思想。

此外，历代典籍文献中记述的华佗学术思想也十分丰富，如《隋书·经籍志》中著录有《华佗内事》5 卷、《华佗观形察色并三部脉经》1 卷、《华佗方》10 卷、《华佗枕中灸刺经》1 卷；《宋史·艺文志》中著录有《华佗老子五禽六气诀》1 卷；《通志·艺文略》中著录有《华氏中藏经》1 卷；《崇文总目》中著录有《华佗玄门脉诀内照图》1 卷；《医藏书目》中著录有《华氏（佗）外科方》1 卷；《国史·经籍志》

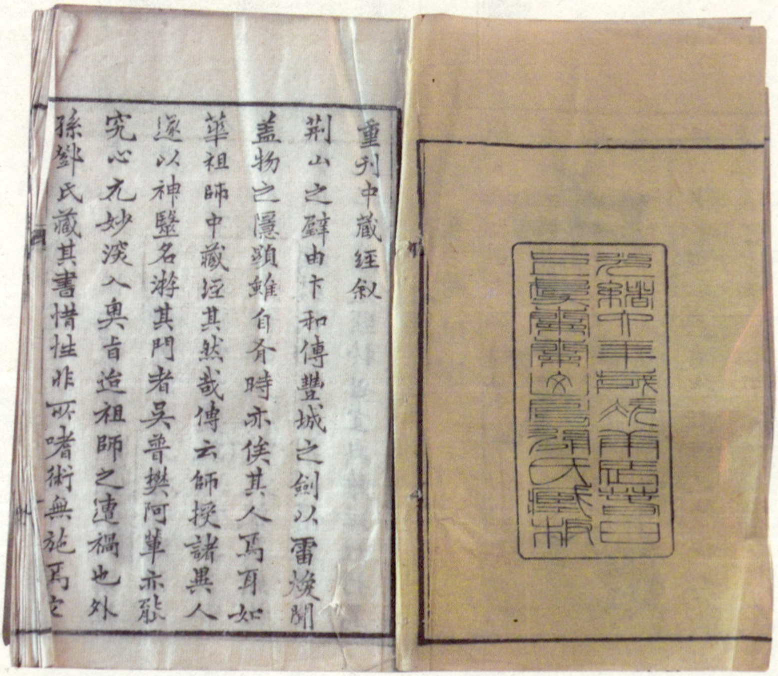

《中藏经》

华祖庵

中著录有华佗《济急仙方》1 卷；《补后汉书·艺文志》中著录有《华佗书》1 卷、《青囊书》1 卷、《急救仙方》60 卷；《八十一难经》中引有《华佗脉诀》；《抱朴子·内篇》中引有《华佗服食论》；《本草纲目》中引有《华佗脉经》《华佗危病方》《华佗救卒病方》等。这些著作，或为华佗狱中焚书之遗，或为其弟子禀其遗意而辑，或为后人缀集华佗佚方佚论而成，或为华佗学派医家所撰，或纯属后人假托华佗之名的伪作。

在中国古代，假托前人之名著书立说的现象并不少见，许多后世的医药学著作都冠以华佗之名，往往真中有伪，伪中有真，真伪难辨。然而，这一现象也恰恰表明了华佗在中国古代医学史上的地位之高、影响之大。

附录

华佗三传

“华佗三传”指的是历史上专门记述华佗个人事迹的三部传记作品，其中《华佗别传》由各类史籍文献中散在的有关华佗的佚文辑录而成。三传是华佗研究的重要参考文献，也是本书故事情节的主要史料来源。现全文附录如下，供读者参考。

《三国志·魏志·华佗传》

华佗，字元化，沛国谯人也，一名旉，游学徐土，兼通数经。沛相陈珪举孝廉，太尉黄琬辟，皆不就。晓养性之术，时人以为年且百岁，而貌有壮容。又精方药，其疗疾，合汤不过数种，心解分剂，不复称量，煮熟便饮，语其节度，舍去，辄愈。若当灸，不过一两处，每处不过七八壮，病亦应除。若当针，亦不过一两处，下针言“当引某许，若至，语人”。病者言“已到”，应便拔针，病亦行差。若病结积在内，针药所不能及，当须刳割者，便饮其麻沸散，须臾便如醉死，无所知，因破取。病若在肠中，便断肠湔洗，缝腹膏摩，四五日差，不痛，人亦不自寤，一月之间，即平复矣。

故甘陵相夫人有娠六月，腹痛不安，佗视脉，曰：“胎已死矣。”使人手摸知所在，在左则男，在右则女。人云“在左”，於是为汤下之，果下男形，即愈。

县吏尹世苦四支烦，口中乾，不欲闻人声，小便不利。佗曰：“试作热食，得汗则愈；不汗，后三日死。”即作热食，而不汗出，佗曰：“藏气已绝於内，当啼泣而绝。”果如佗言。

府吏倪寻、李延共止，俱头痛身热，所苦正同。佗曰：“寻当下之，延当发汗。”或难其异，佗曰：“寻外实，延内实，故治之宜殊。”即各与药，明旦并起。

盐渎严昕与数人共候佗，适至，佗谓昕曰：“君身中佳否？”昕曰：“自如常。”佗曰：“君有急病见於面，莫多饮酒。”坐毕归，行数里，昕卒头眩堕车，人扶将还，载归家，中宿死。

故督邮顿子献得病已差，诣佗视脉，曰：“尚虚，未得复，勿为劳事，御内即死。临死，当吐舌数寸。”其妻闻其病除，从百余里来省之，止宿交接，中间三日发病，一如佗言。

督邮徐毅得病，佗往省之。毅谓佗曰：“昨使医曹吏刘租针胃管讫，便苦咳嗽，欲卧不安。”佗曰：“刺不得胃管，误中肝也，食当日减，五日不救。”遂如佗言。

东阳陈叔山小男二岁得疾，下利常先啼，日以羸困。问佗，佗曰：“其母怀躯，阳气内养，乳中虚冷，儿得母寒，故令不时愈。”佗与四物女菀丸，十日即除。

彭城夫人夜之厕，虿螫其手，呻呼无赖。佗令温汤近热，渍手其中，卒可得寐，但旁人数为易汤，汤令暖之，其旦即愈。

军吏梅平得病，除名还家，家居广陵，未至二百里，止亲人舍。有顷。佗偶至主人许，主人令佗视平，佗谓平曰：“君早见我，可不至此。今疾已结，促去可得与家相见，五日卒。”应时归，如佗所刻。

佗行道，见一人病咽塞，嗜食而不得下，家人车载欲往就医。佗闻其呻吟，驻车，往视，语之曰：“向来道边有卖饼家，蒜齑大酢，从取三升饮之，病自当去。”即如佗言，立吐蛇一枚，悬车边，欲造佗。佗尚未还，小儿戏门前，逆见，自相谓曰：“似逢我公，车边病是也。”疾者前入坐，见佗北壁悬此蛇辈约以十数。

又有一郡守病，佗以为其人盛怒则差，乃多受其货而不加治，无何弃去，留书骂之。郡守果大怒，令人追捉杀佗。郡守子知之，属使勿逐。守瞋恚既甚，吐黑血数升而愈。

又有一士大夫不快，佗云：“君病深，当破腹取。然君寿亦不过十年，病不能杀君，忍病十岁，寿俱当尽，不足故自刳裂。”士大夫不耐痛痒，必欲除之。佗遂下手，所患寻差，十年竟死。

广陵太守陈登得病，胸中烦懑，面赤不食。佗脉之曰：“府君胃中有虫数升，欲成内疽，食腥物所为也。”即作汤二升，先服一升，斯须尽服之。食顷，吐出三升许虫，赤头皆动，半身是生鱼脍也，所苦便愈。佗曰：“此病后三期当发，遇良医乃可济救。”依期果发动，时佗不在，如言而死。

太祖闻而召佗，佗常在左右。太祖苦头风，每发，心乱目眩。佗针鬲，随手而差。

李将军妻病甚，呼佗视脉。曰：“伤娠而胎不去。”将军言：“闻实伤娠，胎已去矣。”佗曰：“案脉，胎未去也。”将军以为不然。佗舍去，妇稍小差。百余日复动，更呼佗。佗曰：“此脉故事有胎。前当生两儿，一儿先出，血出甚多，后儿不及生。母不自觉，旁人亦不寤，不复迎，遂不得生。胎死，血脉不复归，必燥著母脊，故使多脊痛。今当与汤，并针一处，此死胎必出。”汤针既加，妇痛急如欲生者。佗曰：“此死胎久枯，不能自出，宜使人探之。”果得一死男，手足完具，色黑，长可尺所。

佗之绝技，凡此类也。

然本作士人，以医见业，意常自悔。后太祖亲理，得病笃重，使佗专视。佗曰：“此近难济，恒事攻治，可延岁月。”佗久远家思归，因曰：“当得家书方，欲暂还耳。”到家，辞以妻病，数乞期不反。太祖累书呼，又敕郡县发遣，佗恃能厌食事，犹不上道。太祖大怒，使人往检；若妻信病，赐小豆四十斛，宽假限日；若其虚诈，便收送之。于是传付许狱，考验首服。荀彧请曰:“佗术实工，人命所悬，宜含宥之。”太祖曰:“不忧，天下当无此鼠辈耶？”遂考竟佗。佗临死，出一卷书与狱吏，曰：“此可以活人。”吏畏法不受，佗亦不强，索火烧之。佗死后，太祖头风未除。太祖曰：“佗能愈此。小人养吾病，欲以自重，然吾不杀此子，亦终当不为我断此根原耳。”及后爱子仓舒病困，太祖叹曰：“吾悔杀华佗，令此儿强死也。”

初，军吏李成苦咳嗽，昼夜不寤，时吐脓血，以问佗。佗言:“君病肠痈，欬之所吐，非从肺来也。与君散两钱，当吐二升余脓血讫，快自养，一月可小起，好自将爱，一年便健。十八岁当一小发，服此散，亦行复差。若不得此药，故当死。”复与两钱散，成得药去。五六岁，亲中人有病如成者，谓成曰：“卿今强健，我欲死，何忍无急去药，以待不祥？先持贷我，我差，为卿从华佗更索。”成与之。已故到谯，适值佗见收，匆匆不忍从求。后十八岁，成病竟发，无药可服，以至於死。

广陵吴普、彭城樊阿皆从佗学。普依准佗治，多所全济。佗语普曰:“人体欲得劳动，但不当使极尔。动摇则谷气得消，血脉流通，病不得生，譬犹户枢不朽是也。是以古之仙者为导引之事，熊颈鸱顾，引挽腰体，动诸关节，以求难老。吾有一术，名五禽之戏：一曰虎，二曰鹿，三曰熊，四曰猿，五曰鸟。亦以除疾，并利蹄足，以当导引。体中不快，起作一禽之戏，沾濡汗出，因上著粉，身体轻便，腹中欲食。”普施行之，年九十余，耳目聪明，齿牙完坚。阿善针术。凡医咸言背及胸藏之间不可妄针，针之不过四分，而阿针背入一二寸，巨阙胸藏针下五六寸，而病辄皆瘳。阿从佗求可服食益於人者，佗授以漆叶青黏散。漆叶屑一升，青黏屑十四两，以是为率，言久服去三虫，利五藏，轻体，使人头不白。

阿从其言，寿百余岁。漆叶处所而有，青黏生於丰、沛、彭城及朝歌云。

《后汉书·方术列传·华佗篇》

华佗字元化，沛国谯人也，一名旉。游学徐土，兼通数经。晓养性之术，年且百岁而犹有壮容，时人以为仙。沛相陈珪举孝廉，太尉黄琬辟，皆不就。

精于方药，处齐不过数种，心识分铢，不假称量，针灸不过数处。若疾发结于内，针药所不能及者，乃令先以酒服麻沸散，既醉无所觉，因刳破腹背，抽割积聚。若在肠胃，则断截湔洗，除去疾秽，既而缝合，傅以神膏，四五日创愈，一月之间皆平复。

佗尝行道，见有病咽塞者，因语之曰："向来道隅有卖饼人，萍齑甚酸，可取三升饮之，病自当去。"即如佗言，立吐一蛇，乃悬于车而候佗。时佗小儿戏于门中，逆见，自相谓曰："客车边有物，必是逢我翁也。"及客进，顾视壁北，悬蛇以十数，乃知其奇。

又有一郡守笃病久，佗以为盛怒则差。乃多受其货而不加功。无何弃去，又留书骂之。太守果大怒，令人追杀佗，不及，因瞋恚，吐黑血数升而愈。

又有疾者，诣佗求疗，佗曰："君病根深，应当剖破腹。然君寿亦不过十年，病不能相杀也。"病者不堪其苦，必欲除之，佗遂下疗，应时愈。十年竟死。

广陵太守陈登，忽患匈中烦懑，面赤，不食。佗脉之，曰："府君胃中有虫，欲成内疽，腥物所为也。"即作汤二升，再服，须臾，吐出三升许虫，头赤而动，半身犹是生鱼脍，所苦便愈。佗曰："此病后三期当发，遇良医可救。"登至期疾动，时佗不在，遂死。

曹操闻而召佗，常在左右，操积苦头风眩，佗针，随手而差。

有李将军者，妻病，呼佗视脉。佗曰："伤身而胎不去。"将军言间实伤身，胎已去矣。佗曰：“案脉，胎未去也。”将军以为不然。妻稍差，百余日复动，更呼佗。佗曰：“脉理如前，是两胎。先生者去血多，故后儿不得出也。胎既已死，血脉不复归，必燥著母脊。”乃为下针，并令进汤。妇因欲产而不通。佗曰：“死胎枯燥，势不自生。”使人探之，果得死胎，人形可识，但其色已黑。佗之绝技，皆此类也。

为人性恶，难得意，且耻以医见业，又去家思归，乃就操求还取方，因托妻疾，数期不反。操累书呼之，又敕郡县发遣，佗恃能厌事，独不肯至。操大怒，使人廉之，知妻诈疾，乃收付狱讯，考验首服。荀彧请曰：“佗方术实工，人命所悬，宜加全宥。”操不从，竟杀之。佗临死，出一卷书与狱吏，曰：“此可以活人。”吏畏法不敢受，佗不强与，索火烧之。

初，军吏李成苦咳，昼夜不寐。佗以为肠痈，与散两钱服之，即吐二升脓血，于此渐愈。乃戒之曰：“后十八岁，疾当发动，若不得此药，不可差也。”复分散与之，后五六岁，有里人如成先病，请药甚急，成愍而与之，乃故往谯更从佗求，适值见收，意不忍言。后十八年，成病发，无药而死。

广陵吴普、彭城樊阿，皆从佗学。普依准佗疗，多所全济。

佗语普曰：“人体欲得劳动，但不当使极耳。动摇则谷气得销，血脉流通，病不得生，譬犹户枢，终不朽也。是以古之仙者，为导引之事，熊经鸱顾，引挽腰体，动诸关节，以求难老。吾有一术，名五禽之戏：一曰虎，二曰鹿，三曰熊，四曰猿，五曰鸟。亦以除疾，兼利蹄足，以当导引。体有不快，起作一禽之戏，恰而汗出，因以著粉，身体轻便而欲食。”普施行之，年九十余，耳目聪明，齿牙完坚。

阿善针术。凡医咸言背及匈藏之间不可妄针，针之不可过四分，而阿针背入一二寸，巨阙匈藏乃五六寸，而病皆瘳。阿从佗求方可服食益于人者，佗授以漆叶青黏散：漆叶屑一斗，青黏十四两，以是为率。言久服，去三虫，利五藏，轻体，使人头不白。阿从其言，寿百余岁。漆叶处所而有。青黏生于丰、沛、彭城及朝歌间。

《佗别传》

《佗别传》曰：有人病两脚躄不能行，舆诣佗，佗望见云：“己饱针灸服药矣，不复须看脉。”便使解衣，点背数十处，相去或一寸，或五寸，纵邪不相当。言灸此各十壮，灸创愈即行。后灸处夹脊一寸，上下行端直均调，如引绳也。

《佗别传》曰：琅琊刘勋为河内太守，有女年几二十，左脚膝里上有疮，痒而不痛。疮愈数十日复发，如此七八年，迎佗使视，佗曰：“是易治之。当得稻糠黄色犬一头，好马二疋。”以绳系犬颈，使走马牵犬，马极辄易，计马走三十余里，犬不能行，复令步人拖曳，计向五十里。乃以药饮女，女即安卧不知人。因取大刀断犬腹近后脚之前，以所断之处向疮口，令去二三寸。停之须臾，有若蛇者从疮中而出，便以铁椎横贯蛇头。蛇在皮中动摇良久，须臾不动，乃牵出，长三尺所，纯是蛇，但有眼处而无童子，又逆鳞耳。以膏散著疮中，七日愈。

又有人苦头眩，头不得举，目不得视，积年。佗使悉解衣倒悬，令头去地一二寸，濡布拭身体，令周匝，候视诸脉，尽出五色。佗令弟子数人以铍刀决脉，五色血尽，视赤血，乃下，以膏摩被覆，汗自出周匝，饮以亭历犬血散，立愈。

又有妇人长病经年，世谓寒热注病者。冬十一月中，佗令坐石槽中，平旦用寒水汲灌，云当满百。始七八灌，会战欲死，灌者惧，欲止。佗令满数。将至八十灌，热气乃蒸出，嚣嚣高二三尺。满百灌，佗乃使然火温床，厚覆，良久汗洽出，著粉，汗燥便愈。

又有人病腹中半切痛，十余日中，鬓眉堕落。佗曰：“是脾半腐，可刳腹养治也。”使饮药令卧，破腹就视，脾果半腐坏。以刀断之，刮去恶肉，以膏傅疮，饮之以药，百日平复。

《佗别传》曰：青黏者，一名地节，一名黄芝，主理五藏，益精气。本出於迷入山者，见仙人服之，以告佗。佗以为佳，辄语阿，阿又秘之。近者人见阿之寿而气力强盛，怪之，遂责阿所服，因醉乱误道之。法一施，人多服者，皆有大验。

《佗别传》曰：佗曾语吴普云：人欲得劳动，但不当自极耳。体常动摇，谷气得消，血脉流通，疾则不生。卿见户枢虽用易腐之木，朝暮开闭动摇，遂最晚朽。是以古之仙者赤松、彭祖之为道引，盖取于此。

《佗别传》曰：吴普从佗学，微得其方。魏明帝呼之，使为禽戏，普以年老，手足不能相及，粗以其法语诸医。普今年将九十，耳不聋，目不冥，牙齿完坚，饮食无损。

华祖庵